調査報告

学校の部活動と働き方改革

教師の意識と実態から考える

内田　良、上地香杜、加藤一晃、野村　駿、太田知彩

岩波ブックレット No. 989

はじめに――職員室のタブーに斬り込む

内田　良

教職の魅力と魔力

「子どものため」だからと、夜遅くまで授業の準備をして、土日には部活動の指導に精を出す。休みなく働きつづけて、それが子どもの目の輝きや笑顔となって返ってきたとき、「やってよかった……」と、教師冥利《みょうり》なるものを実感する。

これまで教育界はこうした自己犠牲のうえに成り立つ教師冥利の感覚を、教職の「魅力」だと考えてきた。子どものために、身を削って時間に関係なく働く。金銭に換算することのできない、教育活動ならではの収穫がそこにはあった。

さらには、「定額働かせ放題」と評されるいわゆる「給特法」（正式名は「公立の義務教育諸学校等の教育職員の給与等に関する特別措置法」）が、長時間労働を黙認し、加速させてきた。給特法は一九七一年に制定（七二年に施行）された。月給の四％を教職調整額として支給する代わりに、法的には公立校教員において残業は存在しないと定められ、実労働時間と賃金との関係が切り離された。またそれに乗じて国や自治体も、「子どものため」を合い言葉に、新たな業務を次々と学校現場に押しつけていった。教育学者も同様だ。教員の多忙化を危惧する声もあったものの、教育上のさまざまな課題を論じる際には、総じてその目線を子どもの側に置いてきた。

サービス提供側（＝教員）の資源制約を前提に、子どもに対するサービス内容が検討されるべきだ。ところが資源制約よりもサービス内容の充実が優先される形で、教育が語られてきた。

こうして行政や学者からの歯止めがかかることもなく、教員はずぶずぶと長時間労働の罠にハマっていった。「子どものため」に尽くすという教職の魅力とは、歯止めなき長時間労働を生み出す魔力なのではないか。これが今、教育関係者の間に芽生えてきている疑念である。

職員室の実情を「見える化」する

ここ二年ほどの間に、学校の部活動改革ならびに働き方改革への関心が急速に高まってきた。改革の機運を高めたのは、ＳＮＳ上における現職教員たちの訴えである。

その先生たちがＳＮＳ上で口々に嘆くのは、世論の高まりとは裏腹に、職員室は無風状態だということだ。もちろん、世論に押されて風が吹き始めた学校もある。ただし、まだ微風。あるいは世論に抗するかのごとく、夜遅くや土日に働くことをたたえ合うような、逆風の職場もある。

いずれにしても〝本丸〟の職員室は、依然として自己犠牲のメンタリティに覆われているようである。そしてだからこそ、長時間労働に苦しむ教員は職員室を離れ匿名のＳＮＳ上で助けを求め、マスコミがそれに反応し、この機運の高まりがもたらされているのだ。

このような実情を踏まえるならば、学校の長時間労働を素朴に「過酷である」と語るには注意が必要である。むしろ職員室全体の空気は、「過酷」というレッテルを拒否しているようにさえ見えるからだ。その一方で、職員室にいる個々の教員のつぶやきに耳を傾けるならば、「実際は過酷なんだ」という声も聞こえてくる。職員室の中は、いったいどうなっているのか。

教員の「意識」に迫る――本書の狙いと構成

このような問題意識のもと、私たち五名の執筆陣は、共同研究として二〇一七年度に全国の中学校教員を対象に、質問紙調査を実施した（巻末「調査の概要」を参照）。

調査の特長は、部活動や働き方に関する教員の「意識」に迫ったところにある。今日、部活動改革や働き方改革において参照されるエビデンス（証拠・裏付け）の多くは、国が実施した全国調査の結果である。「教員勤務実態調査」に代表されるそれらの調査結果は、基本的に教員の勤務実態を客観的に把握しようとするものである。

客観的実態を示す数値は、学校現場の現状を「見える化」するための基礎情報として、とても重要である。だがその一方で、教員自身がそうした勤務実態をどのように受け止めているかという「意識」に関する情報は、ほとんど明らかにされていない。そもそも、学校の教育活動に対する教員の忌避感を赤裸々に示すような調査を、国が実施できるわけもないだろう。

たんに教員の多忙を客観的な数値であらわしているだけでは、職員室のリアルには迫れない。教員がみずからの働き方をどのように考えているのか。部活動を指導したいのか／したくないのか、長時間労働にやりがいを感じているのか／いないのか、どのような属性の教員が部活動指導や長時間労働に親和的なのか。職員室ではタブー視されるような「意識」を「見える化」することで、現場目線から改革の課題を探っていきたい。

本書は四章からなる。第1章「教員の働き方・部活動の実態」では、働き方や部活動に対する

「意識」を分析するための前提として、労働時間や部活動の立会時間などの客観的な勤務「実態」を明らかにする。

第2章以降は、本書の課題である「意識」に着目して、職員室のタブーに斬り込んでく。第2章「働き方・部活動における意識の分化」では、働き方や部活動の負担をめぐる複雑な胸中を描き出す。また、とりわけ部活動における若手あるいは男性教員の積極的な関与を規定する意識にも踏み込む。

第3章「専門的知識や過去の経験から見た部活動の負担」では分析に時間軸を取り入れ、部活動の過去・現在・未来に着目する。教員自身の中高時代の部活動経験や現在の担当教科が、部活動への評価をどう左右するかについて検討し、さらには教員が考える理想的な部活動のあり方を示す。

第4章「学校のウチとソトの関係性と教員の働き方」では分析に人間関係を取り入れ、学校のウチとして管理職とのタテの関係、同僚とのヨコの関係、学校のソトとして保護者との関係が、教員の働き方に与える影響を明らかにする。

今回の質問紙調査そのものは、設計から実施、分析に至るまで、厳格に学術的な手続きに則って進めてきた。だが本書の狙いは、その学術的な知見をできるだけわかりやすく、教員を含む学校教育に関心のある多くの読者に伝えるところにある。

職員室内のタブーが解かれるには、職員室の外部の理解と介入が必要である。自己犠牲を美化する時代は、もう終わりにしたい。

第1章　教員の働き方・部活動の実態

太田知彩

1　どれくらい働いているのか

本章では、教員の働き方・部活動に対する意識を分析していくための前提として、「どれくらい働いているのか」という教員の勤務実態を明らかにしていく。具体的には、まず、出退勤時間をもとに算出した労働時間から勤務実態の全体的な傾向を概観したうえで、職階・年代・性・学校規模別に、勤務実態の特徴や問題点を検討していく。その後、長時間労働の主な要因のひとつと考えられる部活動の活動日数や立会時間に焦点をあて、部活動が働き方にどのように影響しているのか、そのかかわりを検討していく。

以下では、三一八二名の教員（うち、主幹教諭一一〇名、教諭二七八七名、常勤講師二八五名）を分析の対象とする。なお、本調査では、文部科学省が二〇一六年度に実施した「教員勤務実態調査」と同様に、一〇月の労働時間をたずねている。教員にとって一〇月は、長期休業期間を除いた通常期の平均労働時間に近い月間である。そのため、本調査の結果は、おおよそ教員の平均的な勤務実態を示していると考えられる。

教員はどれくらい働いているのだろうか。まず、勤務実態の全体像をとらえるために、次頁の**表1‐1**および**図1‐1**を確認したい。これらは調査対象である教員の平日一日当たりの労働時間

表1-1　教員の労働時間(平日1日当たり，単位：時間)

	N(人数，以下同)	平均値	標準偏差	最小値	最大値
労働時間	3,154	12.03	1.31	5.33	17

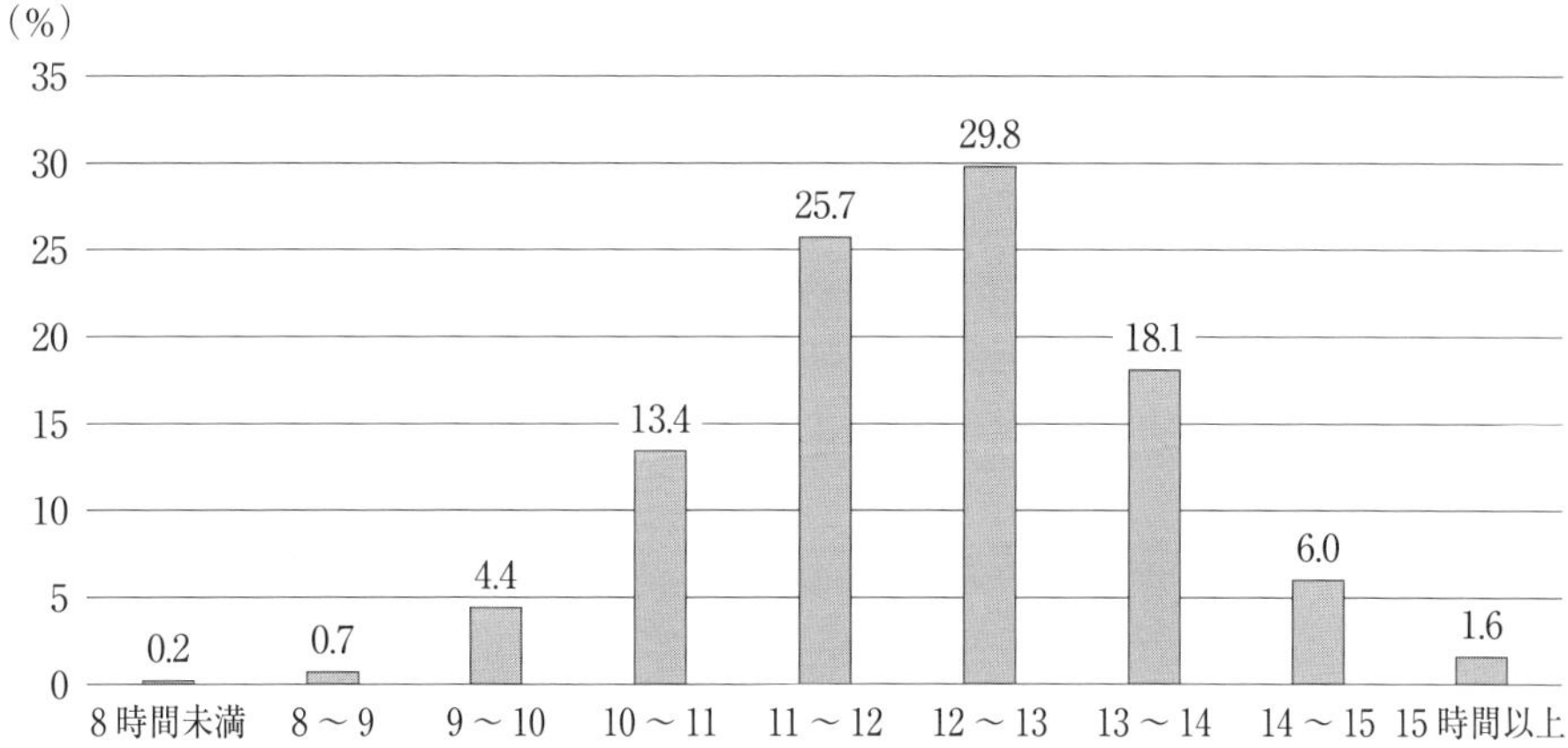

図1-1　教員の労働時間の分布(平日1日当たり)

の大まかな特徴を示したものである[1]。

表1-1を見ると、教員の労働時間の平均値は平日一日当たり一二時間を超え、一日の半分以上の時間を学校内での仕事に費やしていることがわかる。

教員に限らず、あらゆる職業の働き方を考えていくうえで、「平日一日当たり一二時間」はひとつの重要な境界線である。なぜなら、一カ月当たりの八〇時間の時間外労働が、健康や生命を害する危険のある「過労死ライン」であると言われており、「月八〇時間の時間外労働＝一週間当たり二〇時間の時間外労働×四週」とみなすならば、平日一日当たり一二時間以上働いている教員は過労死ラインを超えていると想定されるからである。つまり、これら二つの図表は、およそ二人に一人が過労死ラインを超えて働いているという教員の過酷な勤務実態を端的に示しているのである。

また、労働時間の平均値はおよそ一二時間であるものの、平日一日当たりの労働時間の最大値は一七時間となっており、図1-1をみても、かなりの数の教員が、平日一日当たり一二時間を大幅に超えて働いていることがわかる。出退勤にかかる時間を考慮すれば、教員が自宅で身体を休めたり、家族とともに過ごしたりするプライベートな時間は、ほとんど残されていないのではないだろうか。

さらに、これらの時間は、あくまでも学校に着く時間から学校を出る時間をもとに算出した労働時間である。そのため、当然のことながら、教員が自宅に持ち帰った仕事にかかる時間は含まれていない。「教員勤務実態調査」(確定値)によれば、持ち帰り業務の時間は、平日一日当たり二〇分程度とされているように、多くの教員が、帰宅後も課題やテストの採点、翌日の授業準備等に追われており、実際の労働時間はより一層長いことが想定される。いずれにせよ、多くの教員が、過労死ラインを超える基準で働いていることは明白である。

2 忙しいのは誰か

では、この中でもとくに労働時間が長く、多忙なのは誰か。ここでは教員の基本的な属性や学校の特性をいくつか取り上げ、労働時間の特徴を詳細にみていくことで、教員の勤務実態の特徴を検討していきたい。

職階別の労働時間

はじめに、教員を主幹教諭、教諭、常勤講師の三つの職階に分け、職階による労働時間の違いを検討していく。次頁の**図１‐２**は、教員の職階ごとの平日一日当たりの労働時間の内訳を示している。

各職階の平均値は、主幹教諭が一一・六四時間、教諭が一一・六五時間、常勤講師が一一・四四時間であった。全体的に主幹教諭の労働時間がやや長いが、職階によって、労働時間に大きな差があるとは言えない。ただし、どの職階においても半数以上が過労死ラインを超えて働いているように、「そもそも、全員働きすぎている」という解釈が妥当であろう。

ただし、職階に応じて労働時間に大きな差がないということが、問題がないわけではない。とくに常勤講師は、あくまでも非正規雇用である。しかしながら、常勤講師の仕事は、通常の教科指導にとどまらず、学級担任や部活動顧問など、教諭とほぼ変わらない職務を担っているのが現状であり、労働時間も同程度に長い。常勤講師の労働時間が主幹教諭や教諭と同程度に長いのは、非正規雇用という不安定な立場だからこそ、校長や管理職からの仕事の依頼を断ることができないといった要因や、非正規雇用である常勤講師に仕事を頼まざるを得ないほど、学校現場が多忙化していることなどの要因が想定される。

性別の労働時間

次に、性別による労働時間の違いを確認したい（**図１‐３**）。

図１‐３をみると、女性教員の五割が、男性教員ではおよそ六割が過労死ラインの平日一日当

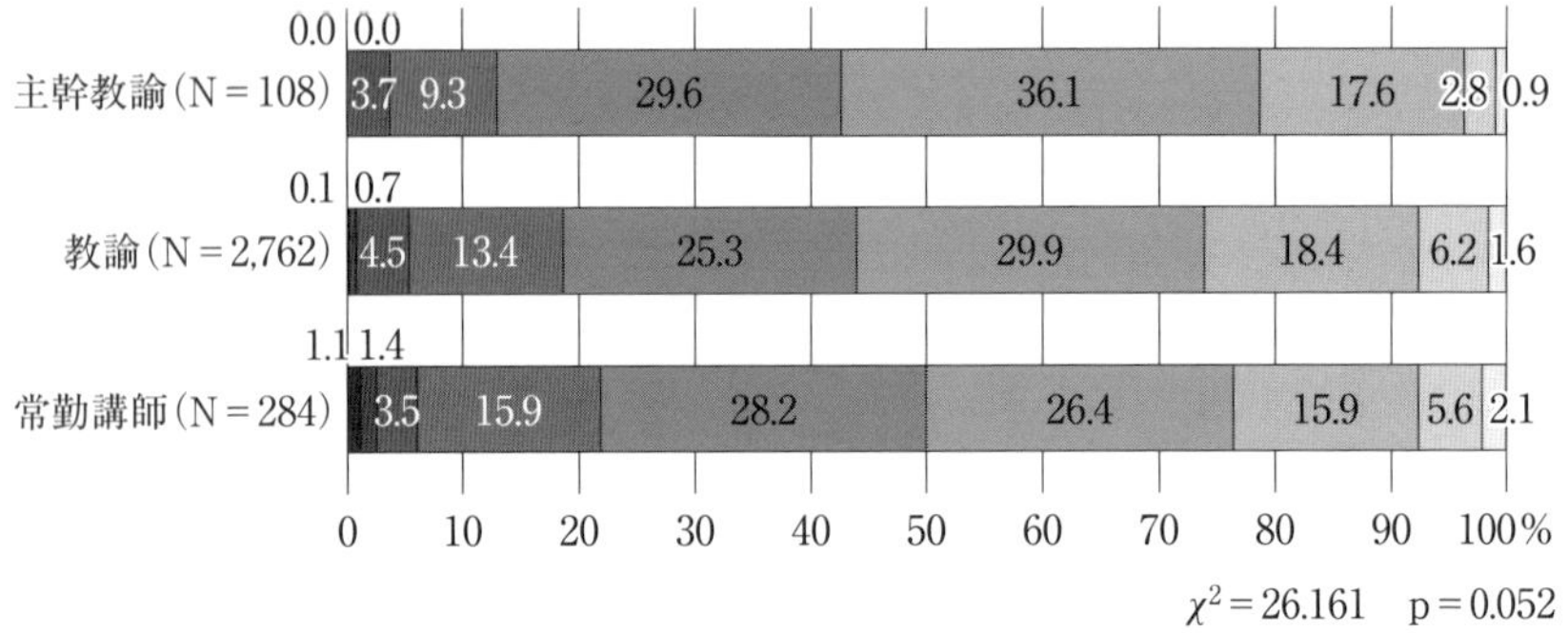

図 1-2　職階別：労働時間(平日 1 日当たり)

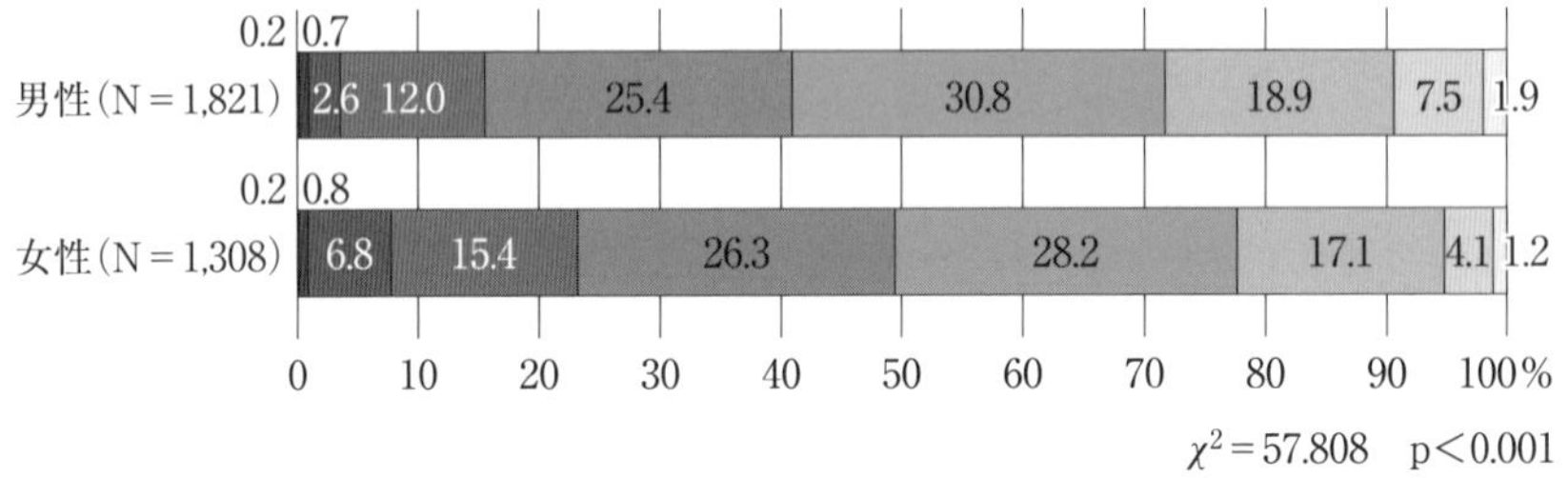

図 1-3　性別：労働時間(平日 1 日当たり)

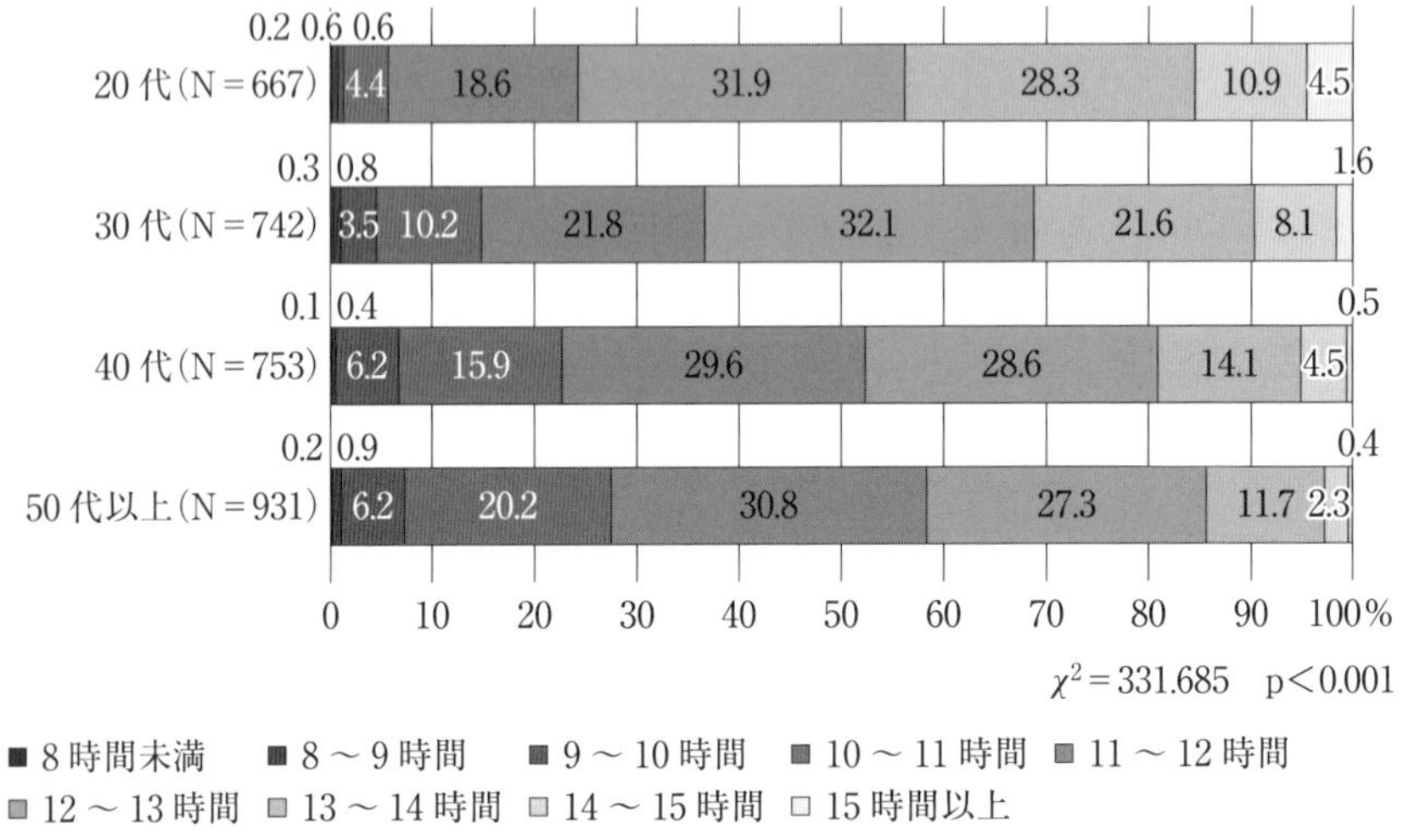

図 1-4　年代別：労働時間(平日 1 日当たり)

たり一二時間を超えて働いていることがわかる。また、平均値をみても、男性が一二・一五時間、女性が一一・八五時間となっており、女性教員と比べて、男性教員の方が平日一日当たり二〇分程度長く働いている。

年代別の労働時間

年代別でみると、性別よりも明確な違いがある。**図１‐４**を見ると、明らかに若い教員ほど働く時間が長い。若い教員は、ベテラン教員と比べて授業準備等に時間がかかるといった要因は想定されうるものの、こうした教員の個人的な要因よりはむしろ、若手を対象にした各種研修や後にみる部活動指導など、教員個人の裁量では解消できない要因が若手教員の労働時間を長引かせていると考えられる。また、結婚して家庭を持っている教員が他の年代と比べて相対的に少ないことも、学校内で若手教員に仕事が集中しているひとつの要因であるだろう。

各年代の平日一日当たりの労働時間の平均値をみると、二〇代の教員が一二・六七時間、三〇代の教員が一二・二二時間、四〇代の教員が一一・七九時間、五〇代以上の教員が一一・六一時間となっており、若い教員ほど、労働時間が長くなっている。とくに二〇代の若手教員は、四〇代・五〇代以上の教員と比べて、平日一日当たりおよそ一時間長く働いている。

ただし、四〇代・五〇代以上の教員の四割が過労死ラインを超えて働いているように、決してベテランの教員が働きすぎていないというわけではなく、若手の教員がより働きすぎているのである。今後の学校教育の中心を担っていく二〇代の七割以上が過労死ラインを超えて働いている現状は、一刻も早く改善されなければならない喫緊《きっきん》の課題であるといえよう。

学校規模別の労働時間

ここまで、教員個人の属性による労働時間の違いを検討してきた。次に、教員が所属する学校という組織の規模に着目したい。基本的に、各学校の教員数は、生徒の数に応じて決定される。本調査ではサンプリング（巻末の「調査の概要」を参照）の際に、『二〇一七年度版 全国学校総覧』に記載されている各学校の生徒数をもとに学校規模を四つの段階（生徒数二〇〇人以下、二〇一～四〇〇人、四〇一～六〇〇人、六〇一人以上）に区分した。以下、本文中ではそれぞれ、小規模校、中規模校、大規模校、超大規模校と表記する。

図1-5は、学校規模別に、平日一日当たりの労働時間の内訳を示したものである。ここからは、小規模校と超大規模校との間に、明確な労働時間の差があることがわかる。小規模校において過労死ラインを超えて働いている教員は五割弱であるが、超大規模校では、六割以上の教員が過労死ラインを超えて働いている。とくに、一二～一三時間の教員の割合は大差がないにもかかわらず、平日一日当たり一三時間以上働いている教員が、小規模校の二〇%弱に対して、超大規模校では三〇%を超えており、過労死ラインを大幅に超えて働く教員が多いことが懸念される。

また、各学校規模別の平日一日当たりの労働時間の平均値は、小規模校では一一・八三時間、中規模校では一二・〇七時間、大規模校では一二・〇四時間、超大規模校では一二・一四時間となっていた。中規模校と大規模校の間には、目立った差は認められないものの、ゆるやかではある

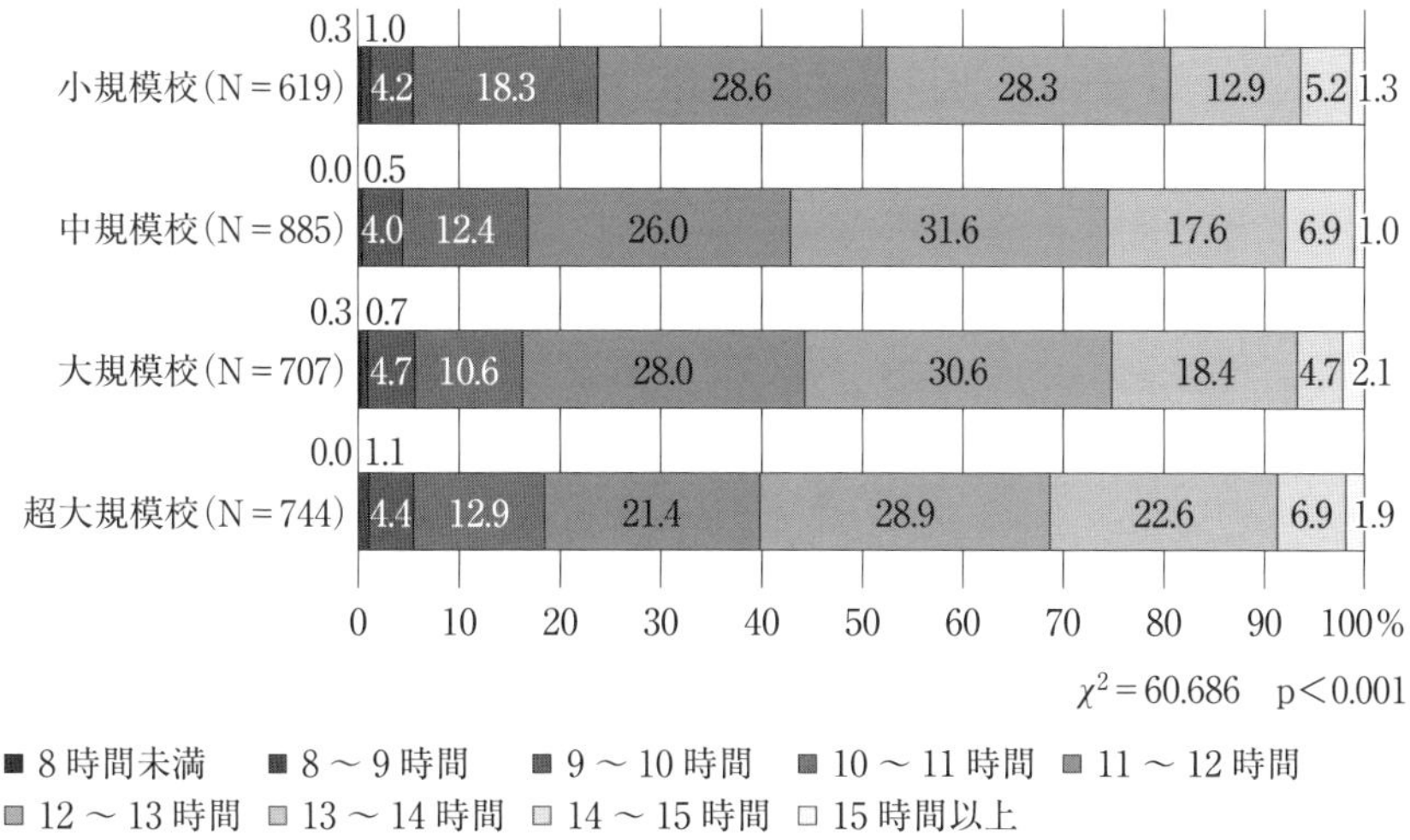

図1-5　学校規模別：労働時間（平日1日当たり）

が、規模が大きい学校は労働時間が長い傾向があるといえよう。

教職員の定数は各自治体の方針や学校の状況に応じて融通されるため一概には言えないが、基本的に、生徒数が増え、学校規模が大きくなっていくほど、教員一人当たりに対する生徒数の割合（S／T比）は増加していく。そのため、規模が大きい学校に勤務している教員ほど、一人当たりの生徒数は多い。神林（二〇一七、八五―八七頁）は、公立学校教員一人当たりの児童生徒数が増加した都道府県で、教員の精神疾患による病気休職発生率が増加したことを指摘しているが、本調査の結果を踏まえると、学校規模が、教員の働き方、ひいては教員の健康問題へと結びついていることが推察される。

少子化の影響から、学校統廃合の議論が進められているが、学校規模を適正に保つことは、より良い学習環境の確保という「子どものため」であると同時に、健全な働き方や健康の維持という「教員のため」でもある。本章では、こうした働き方の実態とメンタルヘルスの問題との関係に

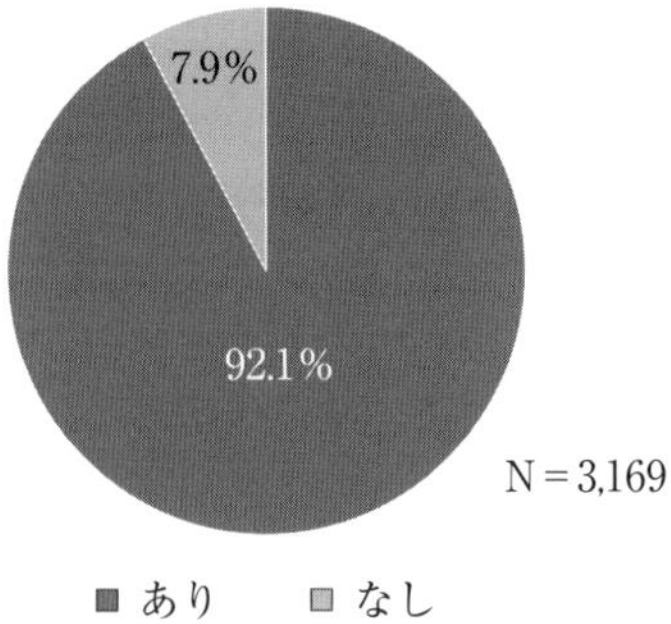

図1-6　休日出勤の割合

ついては深く検討しないが、学校規模という組織と教員個人の働き方との関連に着目した分析は、先行研究においてもほとんど行われてこなかった。今後、より精緻な分析が待たれる。ただし、議論の前提として、小規模校においても、教員の半数近くが過労死ラインを超えて働いていることを忘れてはならない。

休みのない労働実態

ここまで、教員の過酷な勤務実態を強調するために、過労死ラインを一つの基準にして検討を進めてきた。しかし、当然のことではあるが、労働時間は、「過労死ラインを超えているか否か」ではなく、労働基準法で定められた基準をもとに考えなければならない。法定時間を基準にして教員の労働時間を考えてみると、一日当たりの労働時間が九時間未満（休憩含め）の教員は、一％に満たない（図1-1）。つまり、ほとんどの教員が、労働基準法で定められた法定時間を超えて働いているのである。

そのうえ、教員は、出勤してから生徒たちが帰宅するまでの間、ほとんどまとまった休憩時間をとることができないことも見逃してはならない。また、実際には、たとえ生徒が帰宅した後でも、一時間程度の休息をとることができないほど多忙化しているのである。

さらに、ここで検討してきた労働時間には、休日（ここでの休日とは、授業日以外の土日を指す。以下同様）の労働時間は含まれていない。実際のところ、平日の労働時間の合計だけでも過労死ラインを超えるほど働いている教員の多くは、休日を返上してまで学校に来て働いているのである。たとえば、休日出勤の有無を見てみると（**図1-6**）、九割以上の教員が、一カ月の間に、少なくとも一度は休日も出勤することがあると回答している。また、休日も出勤することがあると答えた二九二〇名の教員のうち、およそ七七%が、週一回以上、休日に出勤していると回答している。

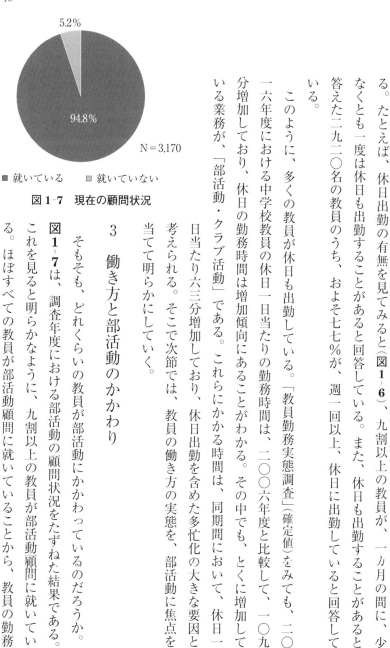

　このように、多くの教員が休日も出勤している。「教員勤務実態調査」（確定値）をみても、二〇一六年度における中学校教員の休日一日当たりの勤務時間は、二〇〇六年度と比較して、一〇九分増加しており、休日の勤務時間は増加傾向にあることがわかる。その中でも、とくに増加している業務が、「部活動・クラブ活動」である。これらにかかる時間は、同期間において、休日一日当たり六三分増加しており、休日出勤を含めた多忙化の大きな要因と考えられる。そこで次節では、教員の働き方の実態を、部活動に焦点を当てて明らかにしていく。

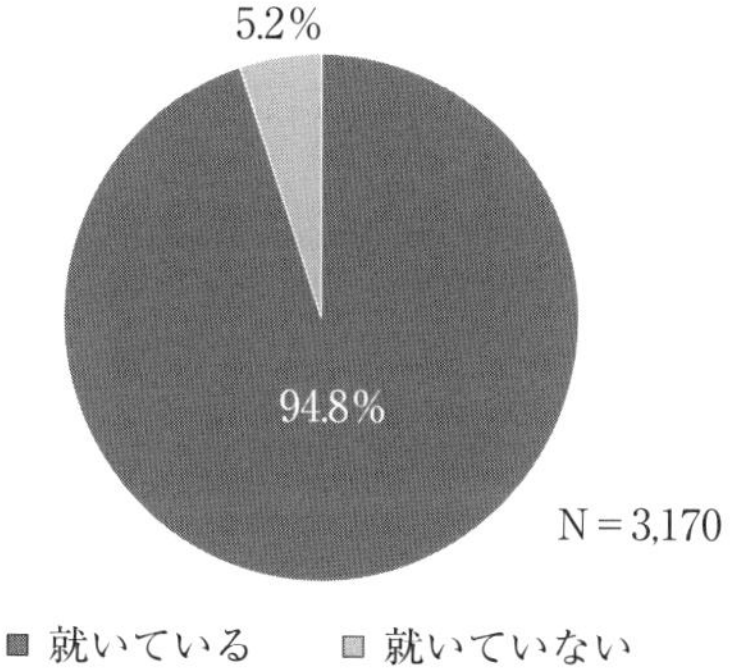

図1-7　現在の顧問状況

3　働き方と部活動のかかわり

　そもそも、どれくらいの教員が部活動にかかわっているのだろうか。**図1-7**は、調査年度における部活動の顧問状況をたずねた結果である。これを見ると明らかなように、九割以上の教員が部活動顧問に就いている。ほぼすべての教員が部活動顧問に就いていることから、教員の勤務実態に占める部活動の比重は大きいといえる。

このように、教員が担うべき仕事として当たり前のようにみなされている部活動指導であるが、実は、左記の通り、国の教育目標や教育内容を規定する学習指導要領において、部活動は教育課程外に位置づけられ、あくまでも生徒の自主的、自発的な活動であるとされている。

学習指導要領　第1章　総則

第5　学校運営上の留意事項

教育課程外の学校教育活動と教育課程の関連が図られるように留意するものとする。特に、生徒の自主的、自発的な参加により行われる部活動については、スポーツや文化、科学等に親しませ、学習意欲の向上や責任感、連帯感の涵養など、学校教育が目指す資質・能力の育成に資するものであり、学校教育の一環として、教育課程との関連が図られるよう留意すること。その際、学校や地域の実態に応じ、地域の人々の協力、社会教育施設や社会教育関連団体等の各種団体との連携などの運営上の工夫を行い、持続可能な運営体制が整えられるようにするものとする。

（「中学校学習指導要領」二〇二一年度から完全実施される）

つまり、部活動は、学校で行わなければならない教育活動ではなく、また、その指導も、必ずしも教員が担わなければならない仕事ではないのである。

このような部活動の曖昧な位置づけは、実際に部活動顧問を担っている教員からも正しく理解されていない。学習指導要領における部活動の位置づけを、「教育課程外」であると正しく回答した教員は、全体の五七%ほどであり、半数近くの教員が、誤った回答、もしくは「わからない」と回答している（**図1-8**）。また、年代別にみると、「教育課程外」であると回答した割合は、二〇代で四四・三%、三〇代で五九・六%、四〇代で五六・一%、五〇代以上で六二・四%となっており、部活動の位置づけは、とりわけ二〇代の教員において正しく理解されていない。このような部活動に対する年代別の意識については、第2章で検討していく。

ここでとくに注目したいのは、「教育課程内」であると回答した教員が、次点でおよそ四人に一人と、比較的高い割合で存在することである。部活動を「教育課程内」であると回答した教員は、すなわち、部活動指導は教員が担うべき、または担わなければならないと考えている教員であるといえる。教員の職務に対する誤った理解は、自身の仕事を過剰に増加させてしまうだけでなく、仕事に対する姿勢や価値観において、同僚との不必要な対立を生み出してしまうかもしれない。教員の働き方を考えていくうえで、教員が、自身の職務内容を正しく理解できるような施策や教職課程が求められているのではないだろうか。

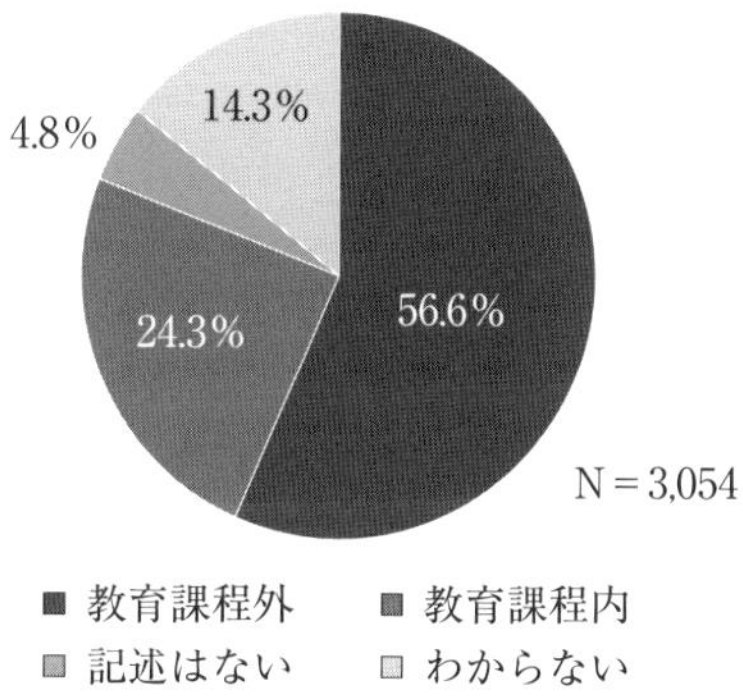

図1-8　学習指導要領における部活動の位置づけ

さて、ここからは、教員が部活動にどれぐらい時間をとっているのかを確認していきたい。本調査では、顧問をしている部活動の活動時間および、部活動に立ち会っている時間の両方をたずねている

析を進めていく。[2]が、ここでは、教員の勤務実態により正確に迫るために、部活動の立会時間に焦点をしぼって分

一週間当たりの部活動立会時間に関する基本的な情報をまとめた**表1-2**の一番上の行をみると、教員全体では、一週間当たり平均一〇時間弱は部活動に立ち会っていることがわかる。[3]ただし、この数値は、顧問に就いていない一五〇名程度の教員も含めた平均値である。そのため、以下では顧問に就いている教員に対象をしぼって分析を行う。

部活動顧問に就いている教員に限れば、一週間当たりの立会時間の平均値は一〇時間を超える。また、立会時間が長い教員になると、一週間当たり四〇時間も部活動に立ち会っていることがわかる。これは、一日当たり五〜六時間の活動に換算され、一見、ありえない数値にも思えるが、毎日の朝練や休日に一日練習を実施すれば、決して不可能な数値ではない。実際、一週間当たり五日以上部活動を実施している教員は八七・一%と、極めて高い割合で存在している(**図1-9**)。また、休日の立会時間の平均値は、平日よりも長く(表1-2)、休日は、部活動が盛んに行われていることがわかる。

では、教員はどれくらいの時間を部活動に費やしているのだろうか。また、とりわけ、どのような教員が部活動に多くの時間を費やしているのだろうか。**図1-10**は、一週間当たりの部活動立会時間を、便宜的に、五時間未満、五〜一〇時間未満、一〇〜一五時間未満、一五〜二〇時間未満、二〇時間以上に区切ったものである。

まず、職階別の立会時間の内訳をみると(**図1-11**)、どの職階においても五〜六割の教員が、

表 1-2　部活動立会時間（1 週間当たり，単位：時間）

	N	平均値	標準偏差	最小値	最大値
1 週間当たり（非顧問含む）	3,099	9.86	6.58	0	40
1 週間当たり（顧問のみ）	2,935	10.41	6.32	0	40
平日週当たり（顧問のみ）	2,935	5.00	3.47	0	30
休日週当たり（顧問のみ）	2,935	5.40	4.41	0	26

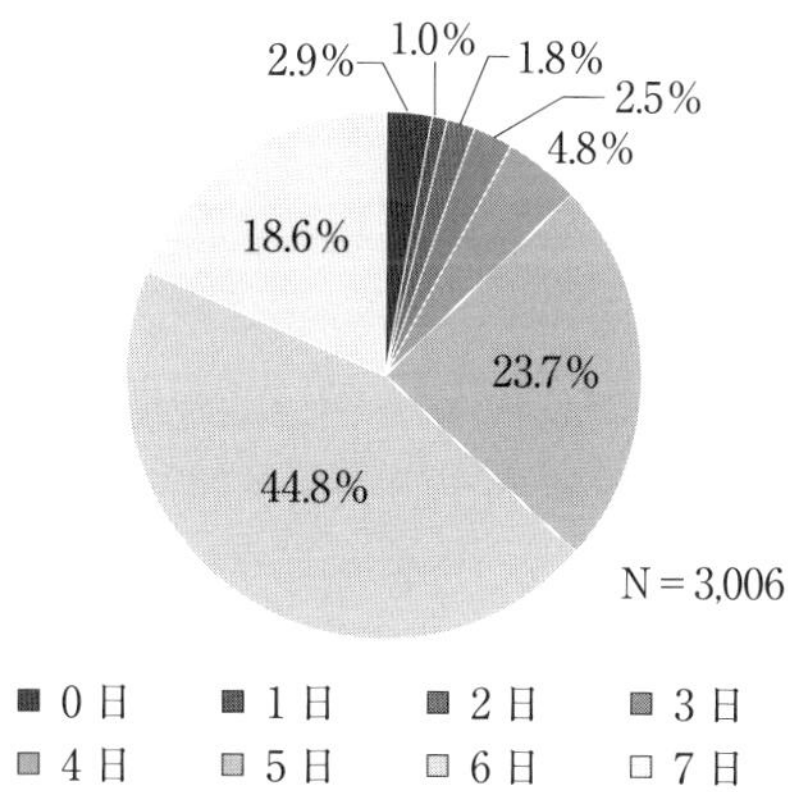

図 1-9　部活動日数（1 週間当たり）

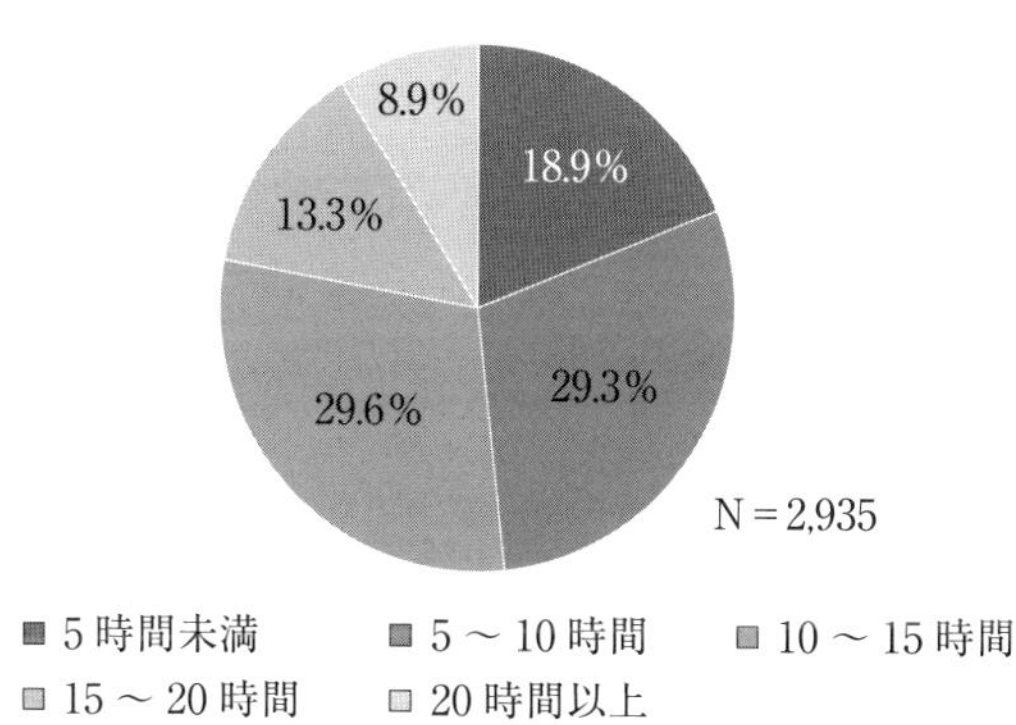

図 1-10　部活動立会時間（1 週間当たり）

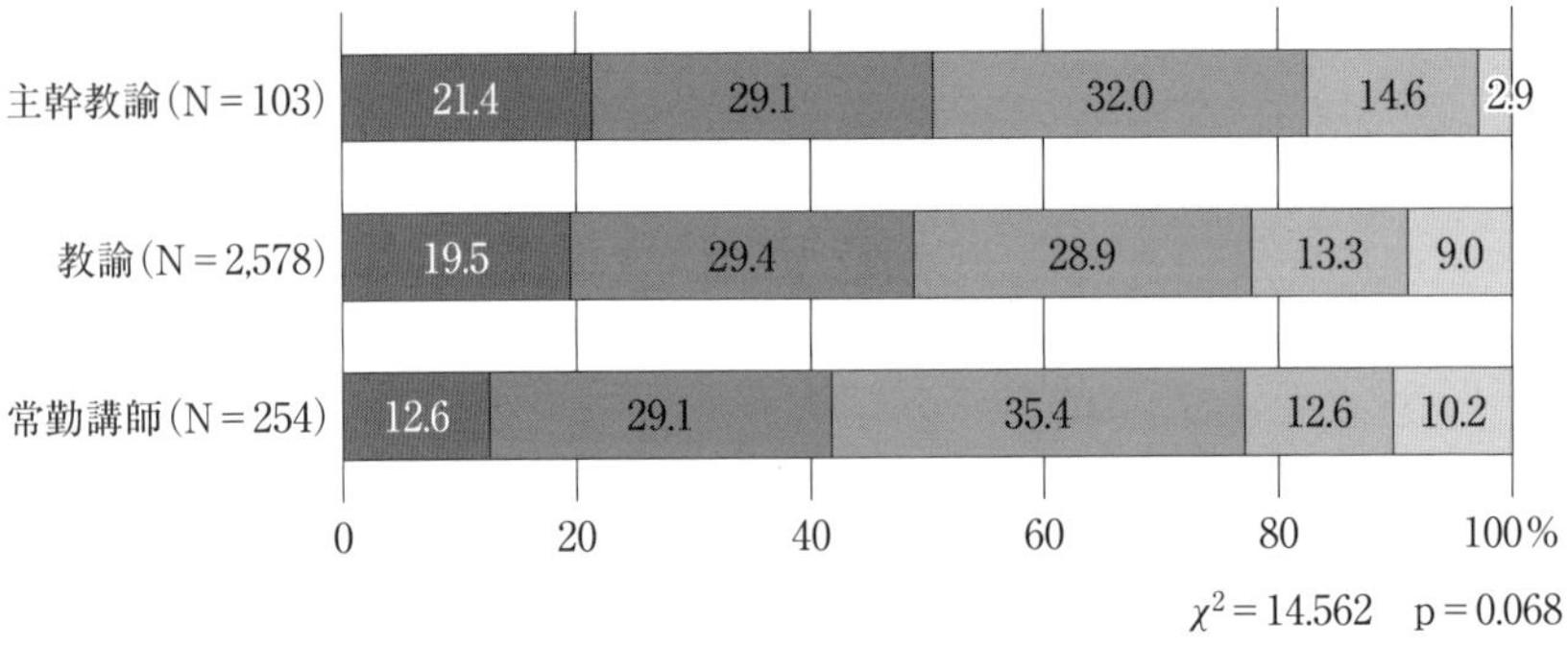

図 1-11　職階別：立会時間(1 週間当たり)

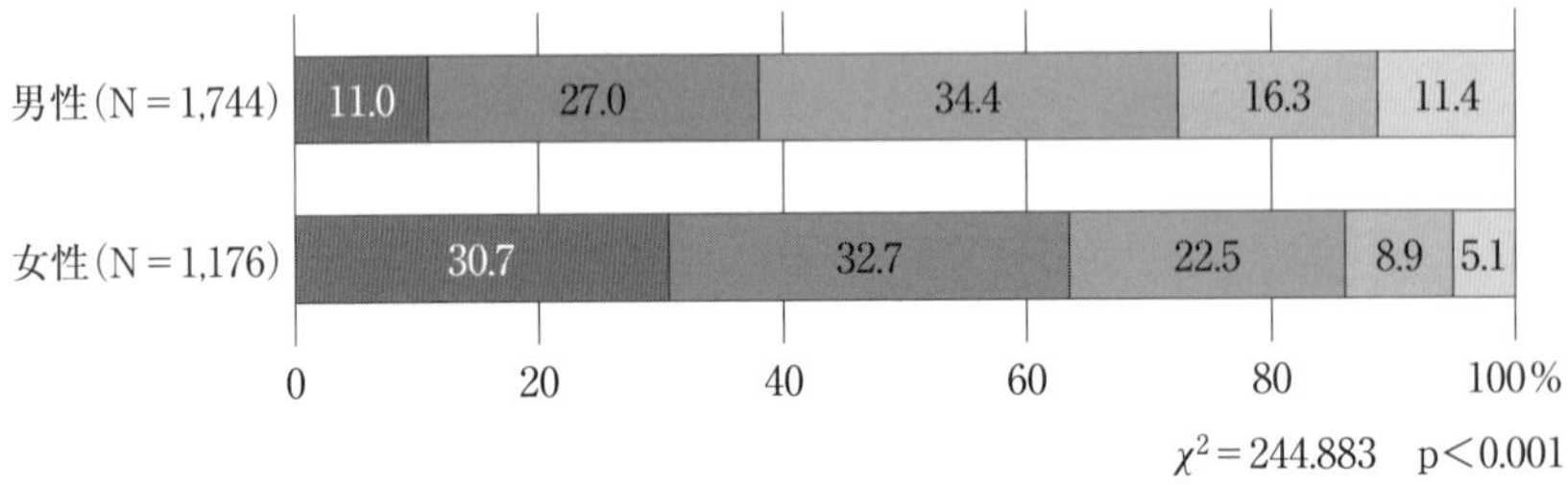

図 1-12　性別：立会時間(1 週間当たり)

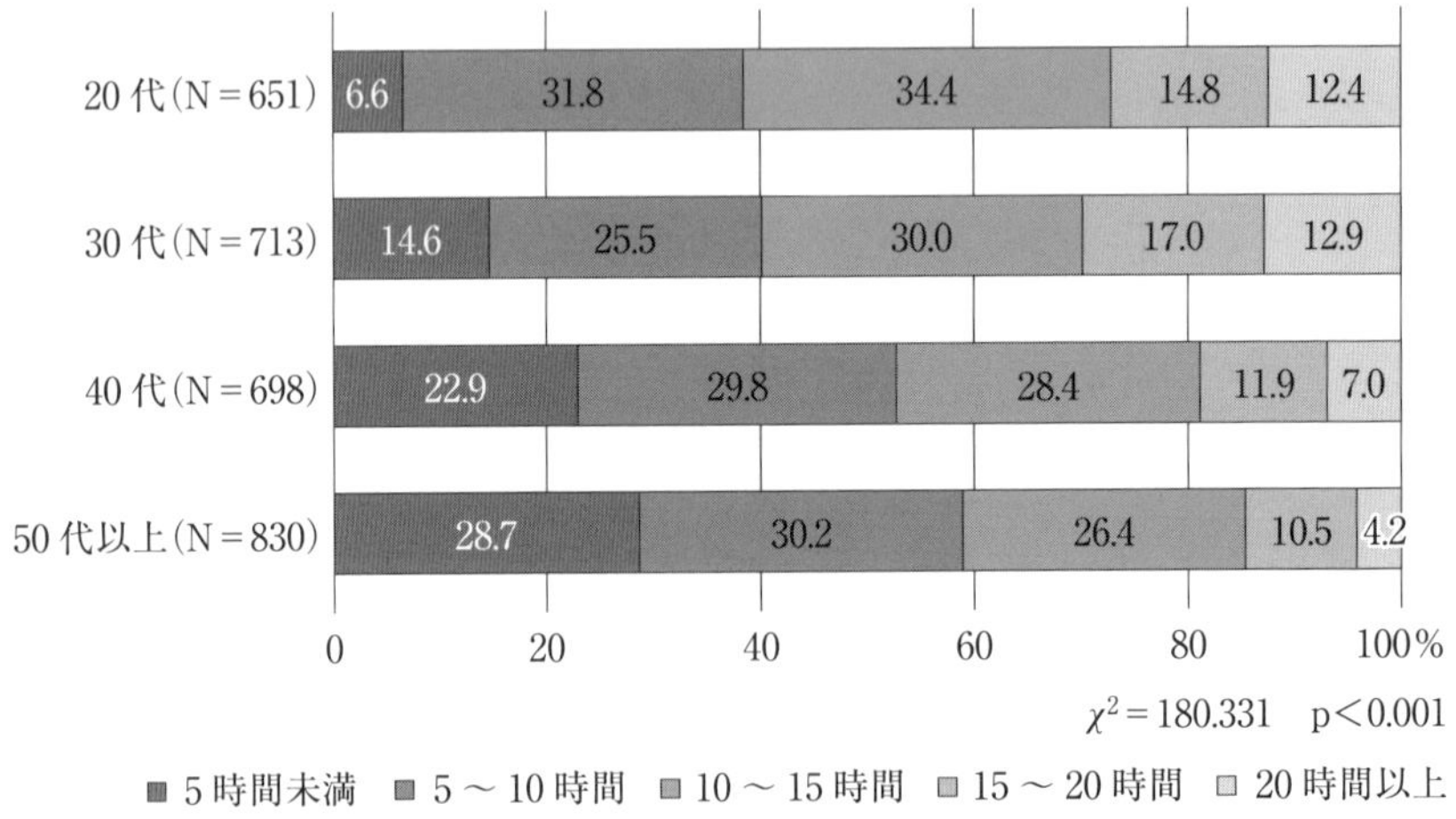

図 1-13　年代別：立会時間(1 週間当たり)

一週間当たり一〇時間以上は部活動に立ち会っていることがわかる。平均値で比較してみると、主幹教諭は九・六一時間、教諭は一〇・三六時間、常勤講師は一一・二五時間となっていた。ただし、平日一日当たりの労働時間と同様に、統計的に有意ではなく、職階によって部活動の立会時間に差があるとは言えない。そのため、ここでは、どの職階においても、一週間当たり一〇時間程度は部活動に立ち会っているという指摘にとどめておきたい。

次に、性別・年代別の立会時間の内訳を検討する。性別で立会時間を比較すると、男女で明確に差が生じた(図1-12)。平均値は、男性教員が一一・三八時間、女性教員は七・七二時間となっており、男性教員の方が一週間当たり三時間三〇分程度長く部活動に立ち会っていることが明らかとなった。2節において、平日一日当たりの労働時間は男性教員の方が二〇分程度長いことを指摘したが、部活動立会時間は、性別でみると、より顕著な差があるといえる。

年代別の立会時間の内訳を見ると、前節と同様に、若手教員の立会時間の長さが際立つ結果となった(図1-13)。二〇代・三〇代の教員と、四〇代・五〇代以上の教員とを比べてみると、若い教員ほど、部活動にかかわる時間が長いことが確認された。また、二〇代・三〇代の一割強が、一週間当たり二〇時間以上部活動に立ち会っている。

なお、各年代の平均値は、二〇代の教員は一二・一一時間、三〇代の教員は一一・七三時間、四〇代の教員は九・六四時間、五〇代以上の教員は八・六七時間となっており、二〇代・三〇代の若手教員は、五〇代以上のベテラン教員と比べると、一週間当たりの立会時間は二〜三時間程度長い。

4　働きすぎる教員たち

教員の労働時間の長さは、これまでにも文部科学省が実施した「教員勤務実態調査」などでも指摘されてきたが、本調査においても、教員の過酷な勤務実態が明らかとなった。本章のまとめとして、ここまでの知見を簡潔にまとめたい。

まず、平日一日当たりの労働時間においては、職階別では差がみられなかった。しかし、性別では男性が、年代別では二〇代が、学校規模別では超大規模校の教員がとくに多忙化していた。ただし、全体として、平日の労働時間の合計だけでも、二人に一人の教員が過労死ラインを超えて働いているだけでなく、これに加え、九割以上の教員が、一カ月の間に一度以上は休日も出勤しているように、教員は、明らかに働きすぎている。

また部活動に限った場合、部活動顧問をしている教員のおよそ九割が、週五日以上部活動に立ち会っていた。しかしながら、学習指導要領における部活動の位置づけを正しく理解している教員は半数程度であった。また、立会時間は、職階別では違いがみられなかったが、性別では男性、年代別では二〇代・三〇代の教員が長かった。

このように、多くの教員が過労死ラインを大幅に超えて働いているような過酷な勤務実態の下で、教員は自身の働き方に関して、どのように考えているのだろうか。次章以降では、こうした教員の働き方に関する意識に着目して分析を進めていく。

注

（１）本質問紙調査では、平日のみの勤務時間をたずねており、一日当たりの労働時間は、「学校に到着する時間」と「学校を出る時間」の差をもとに算出した。

（２）本質問紙調査では、一週間のうち活動する曜日と、活動日における平均的な立会時間をたずねている。得られた回答から、以下の計算式を用いて、週当たりの立会時間を算出した。

週当たり立会時間＝（平日の活動日数×平日一日当たりの立会時間）＋（休日の活動日数×休日一日当たりの立会時間）

（３）本質問紙調査における部活動立会時間は、二〇一六年度に文部科学省により実施された「教員勤務実態調査」と比較すると一時間程度長い。これは、①部活動の立会時間に対する質問項目の正確さという調査設計の問題、②実際に部活動時間が増加していること、③対象校を選定する段階で、もともと部活動がとくに盛んな学校が選ばれてしまった可能性、などの要因が考えられる。②に関して、内田（二〇一八）は、とくに休日の部活動が増加していることを指摘している。

参考文献

内田良　二〇一八、「運動部の活動時間　一年間で増加　二〇一六と二〇一七年度の比較分析　都道府県間で増減に大きな温度差」https://news.yahoo.co.jp/byline/ryouchida/20180409-00083748/
「運動部　週末の活動時間数が増加」https://news.yahoo.co.jp/byline/ryouchida/20180422-00084301/
神林寿幸　二〇一七、『公立小・中学校教員の業務負担』大学教育出版。
文部科学省　二〇一七、「教員勤務実態調査」。http://www.mext.go.jp/b_menu/houdou/30/09/1409224.htm（確定値）

第2章　働き方・部活動における意識の分化

野村　駿

1　教員は自身の働き方をどのように感じているのか

中学校教員は現在の働き方をどのように認識しているのだろうか。第1章で見た通り、教員の働き方の現状は、およそ二人に一人の教員が過労死ラインを超えるほどに過酷なものとなっている。本章では、教員の働き方・部活動に対する意識について、とくに、教員集団内における意識の差異に注視しながら、過酷な勤務状況がどのように受容されているのかを明らかにする。

まず、ほとんどすべての教員が自身の働き方を「忙しい」と感じていることを指摘したい（**図2-1**）。五五・四％という半数以上の教員が「仕事が忙しい」という質問に対して、「とても思う」と強い肯定を示し、「どちらかといえば思う」と答えた教員と合わせれば、九割以上の教員が自身の働き方を忙しいと認識している。つまり、中学校教員は客観的な多忙さの中で、自身の働き方を主観的にも多忙なものとして認識しているのである。

しかし、かれらは仕事の忙しさばかりを感じているわけではない。同じく図2-1に示したように、自らの仕事にやりがいも見出している。「仕事が忙しい」と比べて、強い肯定を表す「とても思う」の割合は三〇・二％と減少するが、それでも「どちらかといえば思う」と合わせれば九割近い教員が仕事にやりがいを感じている。中学校教員は、仕事が忙しいとばかり感じている

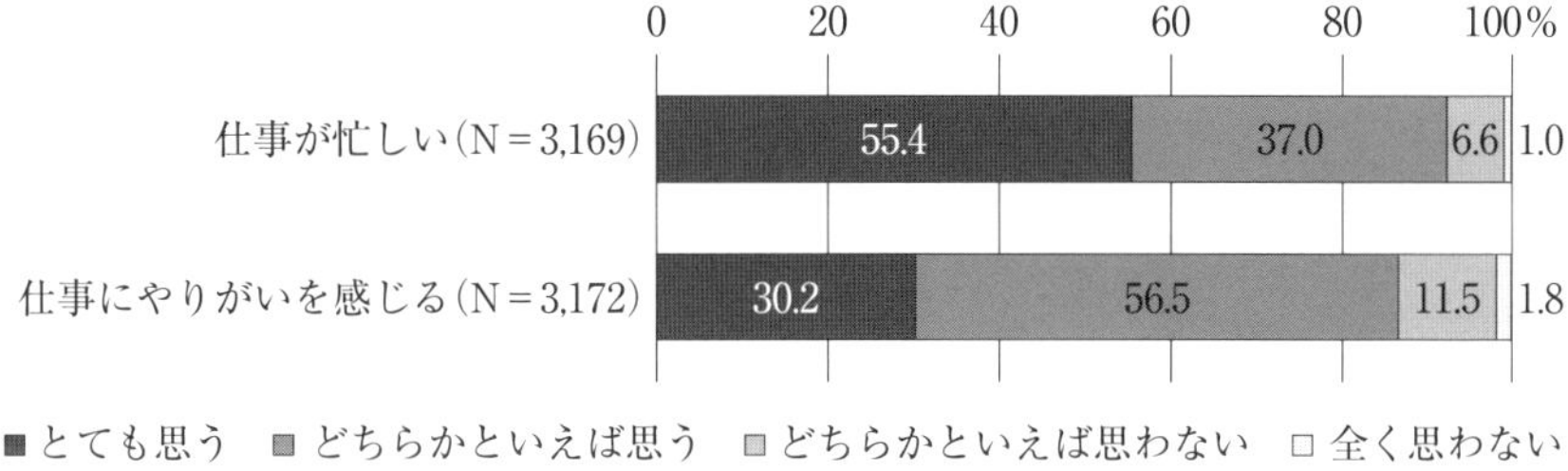

図2-1　働き方に対する意識の分布（全体）

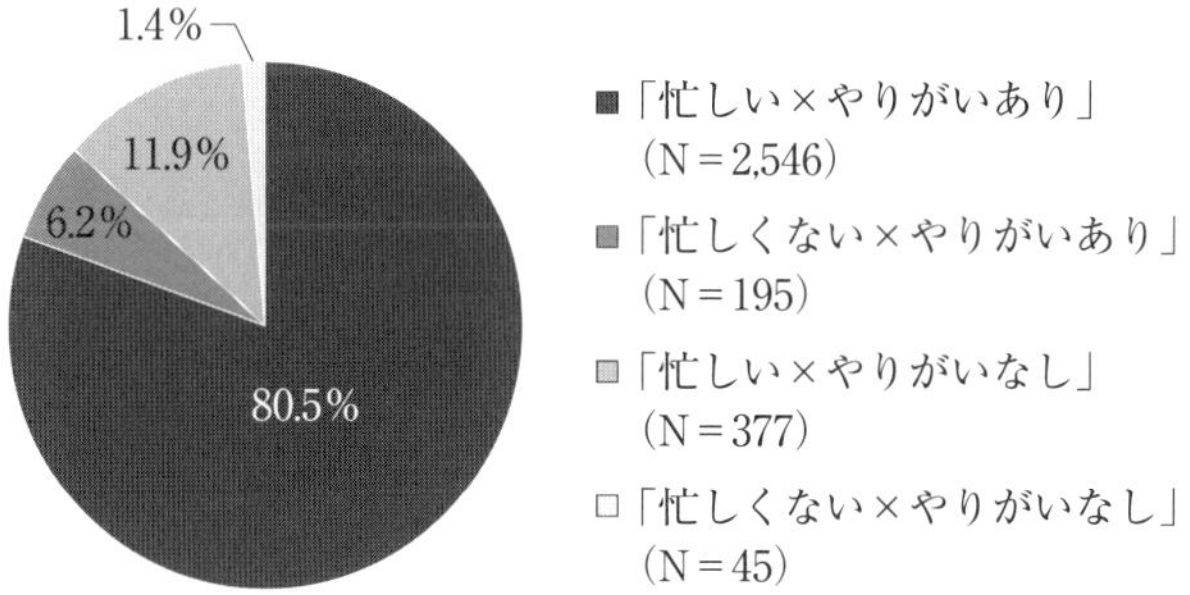

図2-2　働き方に対する意識：忙しさとやりがいの関係性

のでなく、多忙な勤務状況の中でも仕事にやりがいを見出し、なんとかそうした状況を乗り切っていると考えられる。

それでは、過酷な勤務状況の中で、仕事に忙しさを感じつつも、やりがいを見出している教員はどれだけ存在するだろうか。働き方に対する二つの意識、「仕事が忙しい」と「仕事にやりがいを感じる」への回答結果を、あてはまる（「とてもあてはまる」＋「どちらかといえばあてはまる」）と、あてはまらない（「どちらかといえばあてはまらない」＋「全くあてはまらない」）に変換し、クロス集計を行った結果が**図2-2**である。

図2-2からは、約八割の教員が、仕事の忙しさとやりがいの両方を感じていることがわかる。また、少数ではあるが、約一割の教員が、仕事の忙しさのみを感じ、やりがいを見出せていないという状況にあることがわ

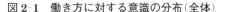

かる。(1)

では、仕事の忙しさとやりがいの両方を認識している教員は、実際にどのような勤務状況にあるのだろうか。「仕事が忙しい」と回答していたとしても、他の教員と比べれば労働時間がそれほど多くないかもしれない。

ここでは煩雑さを避けるために、週当たり勤務時間(平日のみ)を、その多寡に応じて三分割し、最も時間の多い層を「上位」、その間の層を「中位」として検討最も時間の少ない層を「下位」、その間の層を「中位」として検討を行う。そして、この週当たり勤務時間(平日のみ)変数と、図2-2で作成した働き方に対する意識変数をクロス集計した結果が**図2-3**である。

図2-3からは、全体として「仕事が忙しい」と回答した教員で、「上位」の割合が高くなっていることがわかる。その中でも、とりわけ「忙しい×やりがいあり」の教員において、半数を超える五八・一%の教員が「上位」となっている。かれらは決して勤務時間が短いわけではないのである。

加えて指摘しておきたいのは、客観的にも主観的にも忙しく、やりがいを感じている教員であったとしても、現在の働き方がそのままでよいとはみなされていないことである。**図2-4**は、「自分の働き方は現状のままでよい」という質問項目に対する回答結果を、働き方への意識別に図示したものである。図からは、「忙しい×やりがいあり」の教員(七割近く)においても、現在の働き方を何らかの方法で変えていく必要があると認識されていることがわかる。

以上の検討からは、教員の働き方に対する意識が一様であるという特徴を指摘することができ

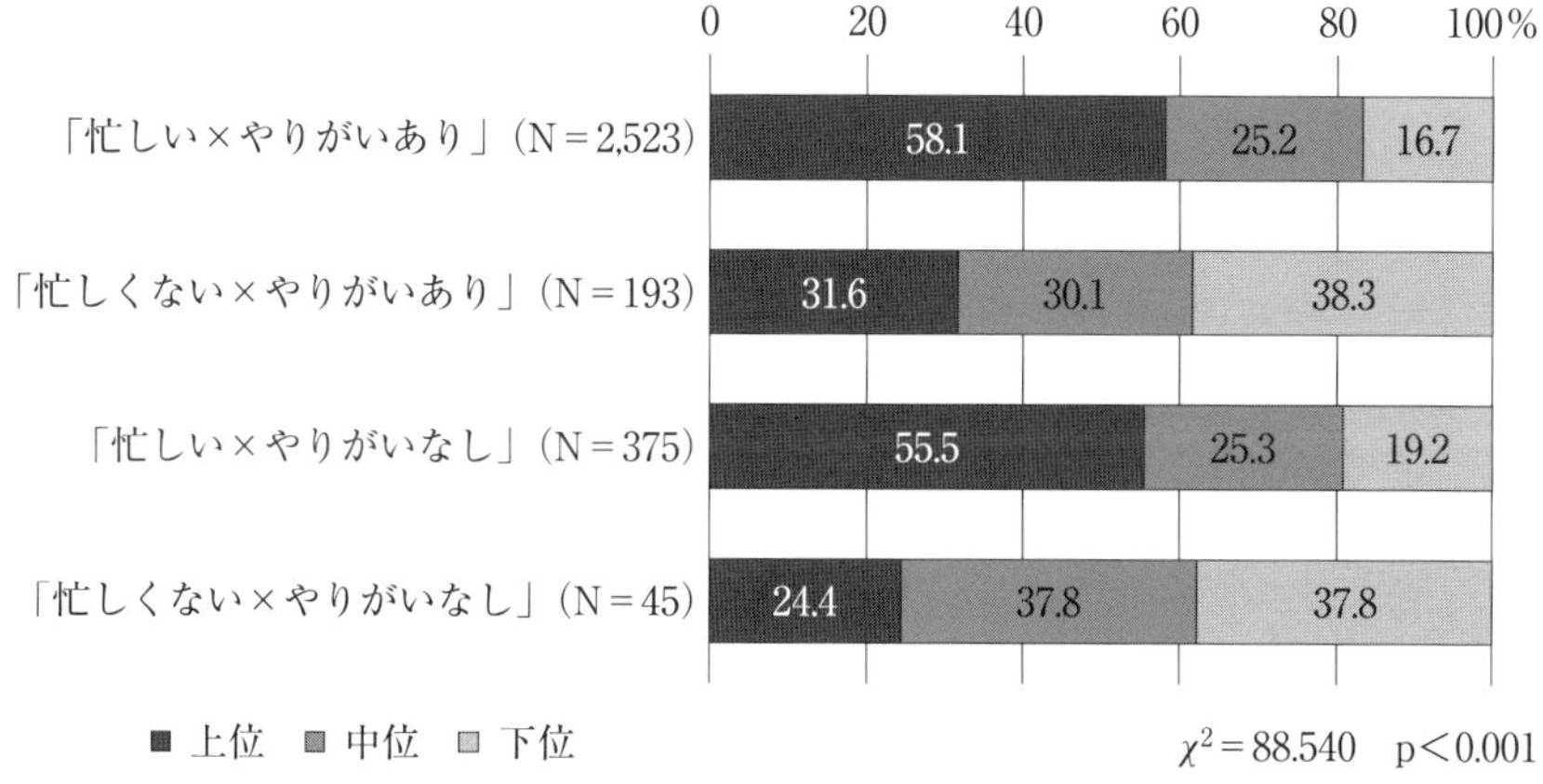

図 2-3 働き方への意識別にみる週当たり勤務時間(平日のみ)

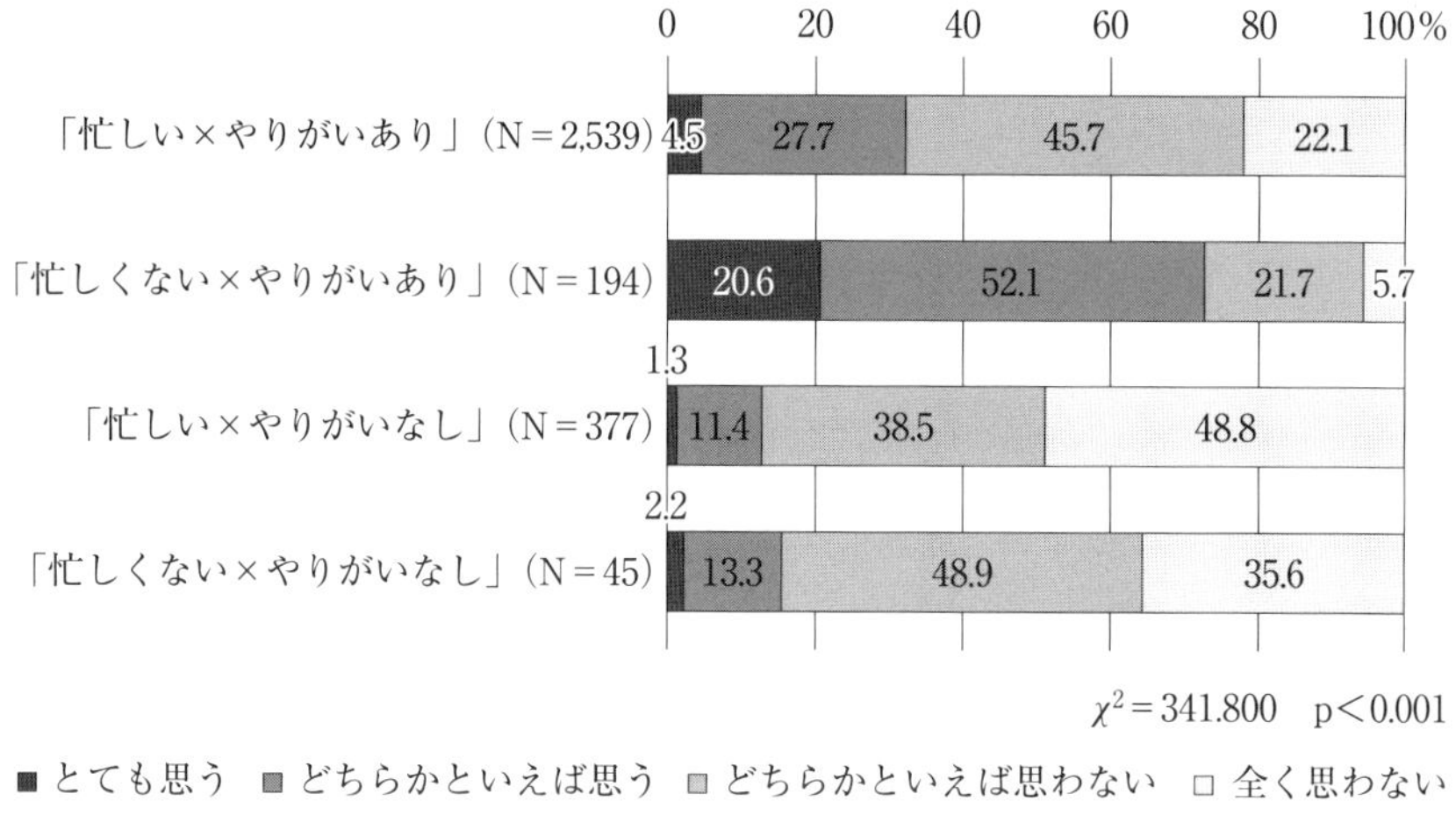

図 2-4 「自分の働き方は現状のままでよい」

る。つまり、過酷な勤務状況にあって、「仕事が忙しい」と感じる一方で「仕事にやりがいがある」と思っている教員が圧倒的多数を占めているのである。かれらは、他の教員と比べても勤務時間が長くなっており、決して楽をしているわけではない。また、現在の働き方に対して何らかの変化を求めてもいる。働き方への意識という点では、教員たちは広く同じような感覚を持ち合わせているといえる。

それでは、部活動に対する意識ではどうだろうか。次節では、部活動に対する教員の意識の内実を確認し、その特徴を明らかにする。

2　教員は部活動に対していかなる意識を持っているのか

まず、現在どれだけの教員が部活動顧問を担当しているのか、また部活動顧問をしたいと考えているのかを確認しよう。

第1章で検討したように、現在、九〇%を超える教員が部活動の顧問を担当している。しかし、「あなたは来年度、部活動の顧問をしたいですか」という質問に対して、「したい」と答えた教員は、全体の五二・一%に過ぎない(図は省略)。つまり、約半数の教員は、来年度部活動の顧問をしたくないと答えている。

この事実をより詳細に検討するために、現在、部活動の顧問に就いている教員に限定して、来年度の顧問の希望を示したのが**図2-5**である。現在顧問に就いている教員のうち、来年度も顧問をしたいと答えた教員は約半数に過ぎない。逆に四六・二%の教員は来年度顧問をしたくないと答えている。つまり、現在顧問をしている教員のうち、来年度も顧問をしたいという教員と同程度に部活動顧問をしたくないという教員が存在するのである。

以上から見て、部活動に対する意識は、働き方に対する意識とは異なり、教員集団の中で分化している可能性がある。以下詳細に検討しよう。

分化する教員の部活動に対する意識

ここで取り上げる質問項目は、部活動に対するネガティブな意識を表す「部活動の顧問をストレスに感じる」と、ポジティブな意識を表す「部活動の顧問は楽しい」である。働き方に対する意識のように、その両方の意識を持つ教員はどれほどの規模で存在しているのだろうか。

まず、「部活動の顧問をストレスに感じる」という質問項目への回答結果を確認しよう。**図2-6**からは、半数以上の六二%の教員が「あてはまる」と答えていることがわかる。教員にとって、やはり部活動顧問はストレスフルな業務だと言える。

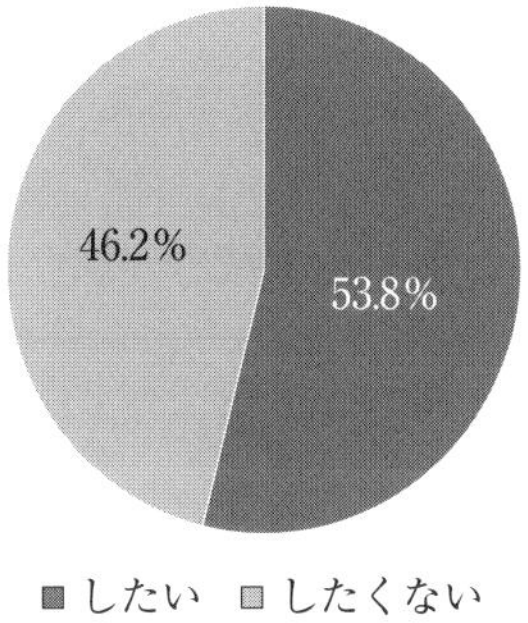

図2-5 来年度の部活動顧問の希望
(現在顧問に就いている教員のみ，N＝2,894)

しかし、同時に部活動に対するポジティブな意識も確認できる。「部活動の顧問は楽しい」という質問項目への回答結果からは、同じく約六割の教員が、部活動の顧問を楽しいと捉えていることがわかる。働き方への意識と同様に、部活動に対して教員はネガティブな意識のみを有しているわけではない。中には、たとえ過酷な勤務実態にあったとしても、その状況を楽しく捉える教員が

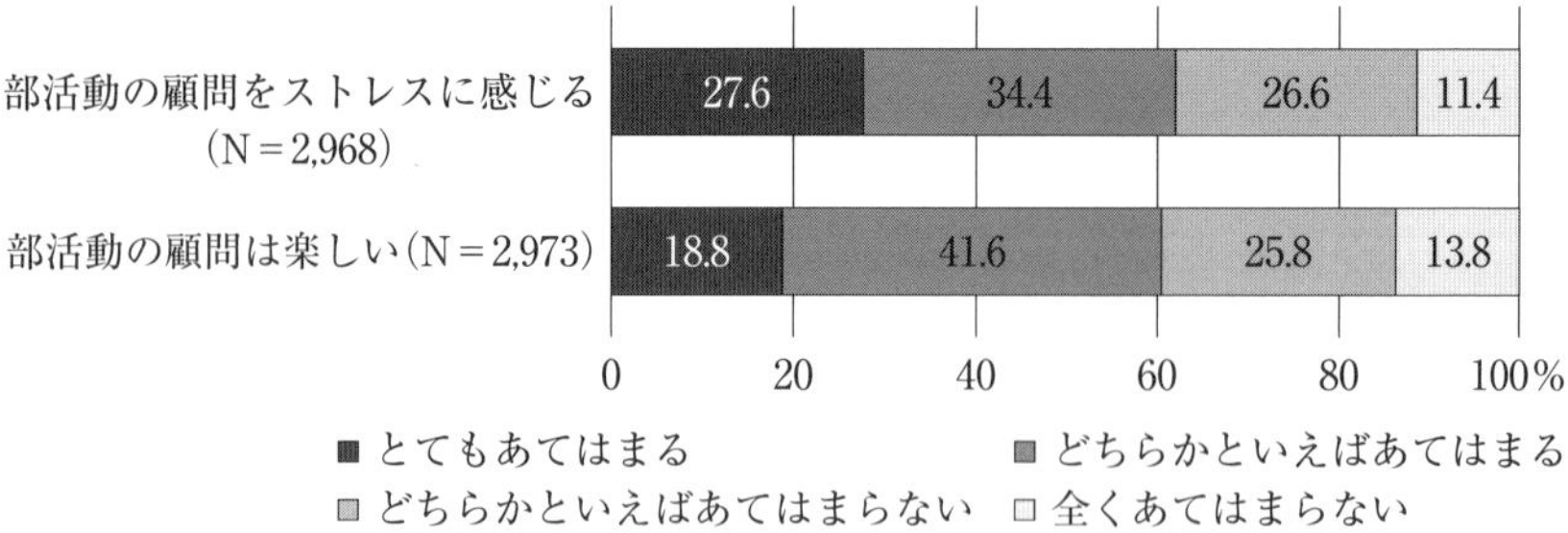

図2-6　部活動に対する意識の分布(全体)

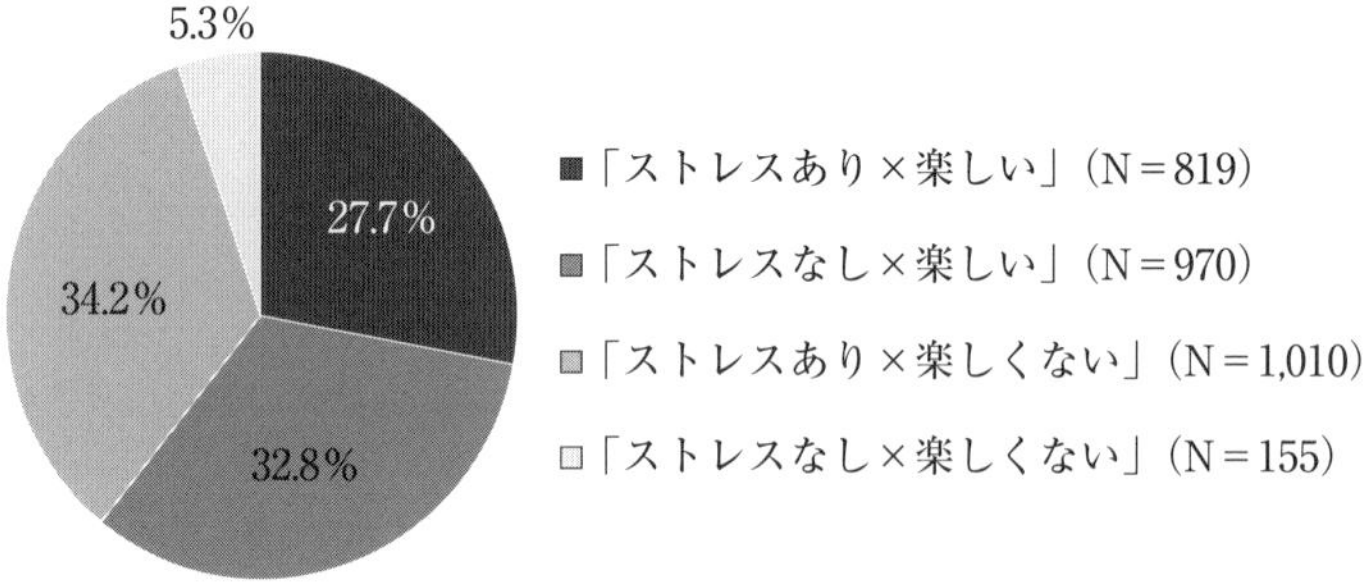

図2-7　部活動に対する意識：ストレスと楽しさの関係性

一定の層をなして存在しているのである。

それでは、部活動の顧問を一方でストレスに感じながらも、他方で楽しく行っている教員、つまりネガティブな意識とポジティブな意識を併せ持つ教員はどれほど存在するのだろうか。「部活動の顧問にストレスを感じる」と「部活動の顧問は楽しい」の回答結果を、前節と同様に二値化し、クロス集計した結果を**図2-7**に示す。ここからは、働き方への意識とは異なり、教員の意識が大きく三つに分化していることがわかる。

まず、最も割合が大きかったのは、部活動の顧問をストレスに感じ、かつ部活動の顧問は楽しくないとする教員(「ストレスあり×楽しくない」)である(三四・二%)。かれらは、「忙しい×やりがいなし」の教員と同じく、部活動顧問という仕事に意味を見出せていないという点で、最も疲弊し、バーンアウト(燃え尽き)のリスクが最も高い教員だと考えられる。そして、割合は小さくなるものの、約三割の規模を保って、部活動の顧問にストレスを感じることなく、部活動の顧問を楽しいと思っている教員(「ストレスなし×楽しい」三一・八%)と、部活動の顧問をストレスに感じながらも部活動の顧問を楽しいと思っている教員(「ストレスあり×楽しい」二七・七%)が続いている。

以上、本節では、部活動に対する教員の意識について、全体の傾向を確認してきた。その結果、働き方への意識とは異なり、大きく三つの方向に意識が分化する傾向を見出せた。部活動をめぐって教員集団は一致した意見を持つことなく、それぞれの考えのもとでかかわっていると思われる。

ここで改めて着目したいのが、現在、ほとんどすべての教員が部活動顧問を担っているという事実である。本節の検討で見出されたのは、実態レベルでは多くの教員を巻き込んでいる部活動が、意識レベルでは、その評価をめぐって大きく分化しており、積極的に意味づける層、消極的に意味づける層が、同じ規模で存在しているということである。

そして、この状況において、教員の働き方、とくに部活動の問題を解決することには大きな困難が伴うと言える。なぜなら、少なくない教員が、現在の働き方・部活動のあり方に対して肯定的な意味づけをしているからである。ここで重要となるのは、教員の中で誰が、なぜ部活動のあり方に対して肯定的な意識を持ちえているのかを明らかにすることである。次節では、教員の年代・性に着目して部活動に対する意識を検討し、誰が現在の勤務状況を受容しているのか／受容していないのかを検討する。

3　属性別にみる部活動への意識——誰がポジティブな意識を持ちえているのか

まず、年代別に部活動に対する意識のありようをみたのが**図2-8**である。

「部活動の顧問をストレスに感じる」という質問項目に対し、「とてもあてはまる」と強い肯定を示した教員は、三〇代で三三・二%、四〇代で二九・七%となっているのに対し、二〇代では二二・六%、五〇代以上では二四・四%にとどまっている。教員のライフコース上の転換点に置かれた三〇代・四〇代教員において、部活動顧問がストレスを伴うものとして、より強く意識されている[2]。また、「部活動の顧問は楽しい」に関しては、二〇代で二七・九%が「とてもあてはまる」と答えており、「どちらかといえばあてはまる」と合計すれば、七四・三%もの教員が、部活動顧問に楽しさを見出している。それに対して、四〇代では、合計で五五・三%、五〇代以上では五二・八%と、半数は超えるものの、年代によって数値が大きく異なっている。より若手の教員ほど、部活動顧問の楽しさを享受していると言える。

次に、性別に検討したのが**図2-9**である。女性教員において部活動顧問がよりストレスフルな仕事となっている一方で、男性教員においては楽しさをもたらすものとして認識されていることがわかる。

それでは、部活動に対する意識は、教員の属性によってどのように分化しているのだろうか(**図2-10**)。

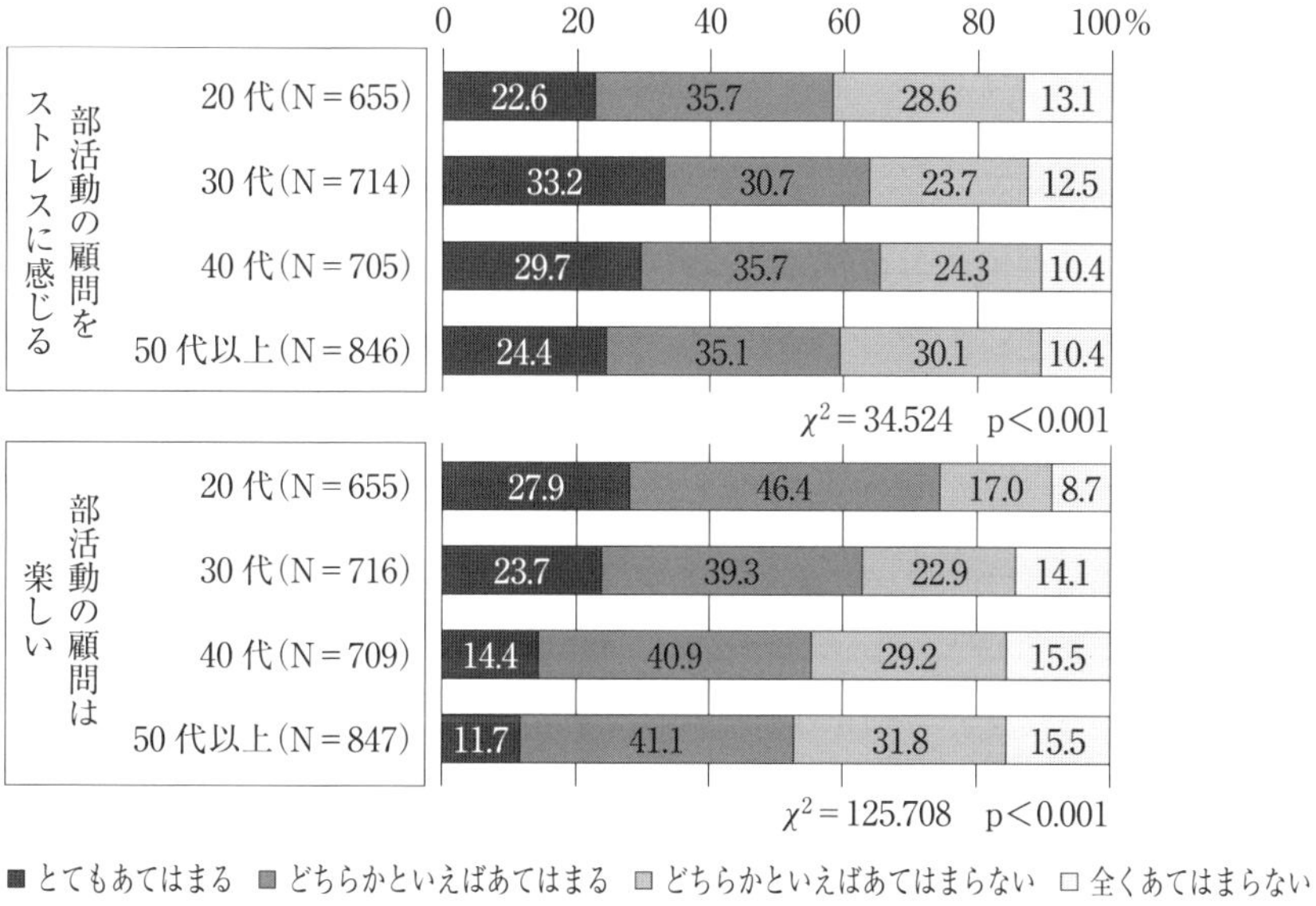

図 2-8　年代別にみる部活動への意識

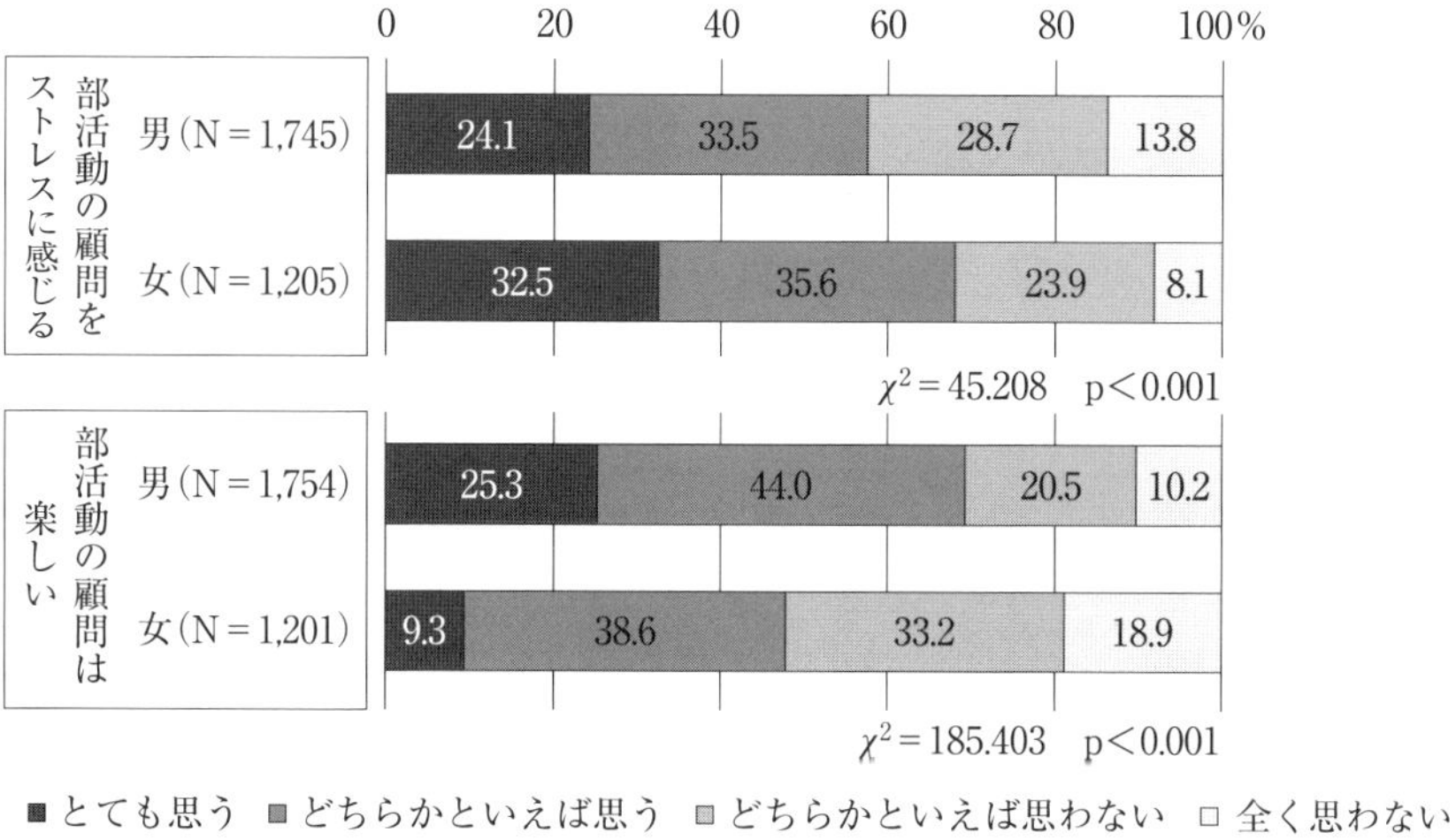

図 2-9　性別にみる部活動への意識

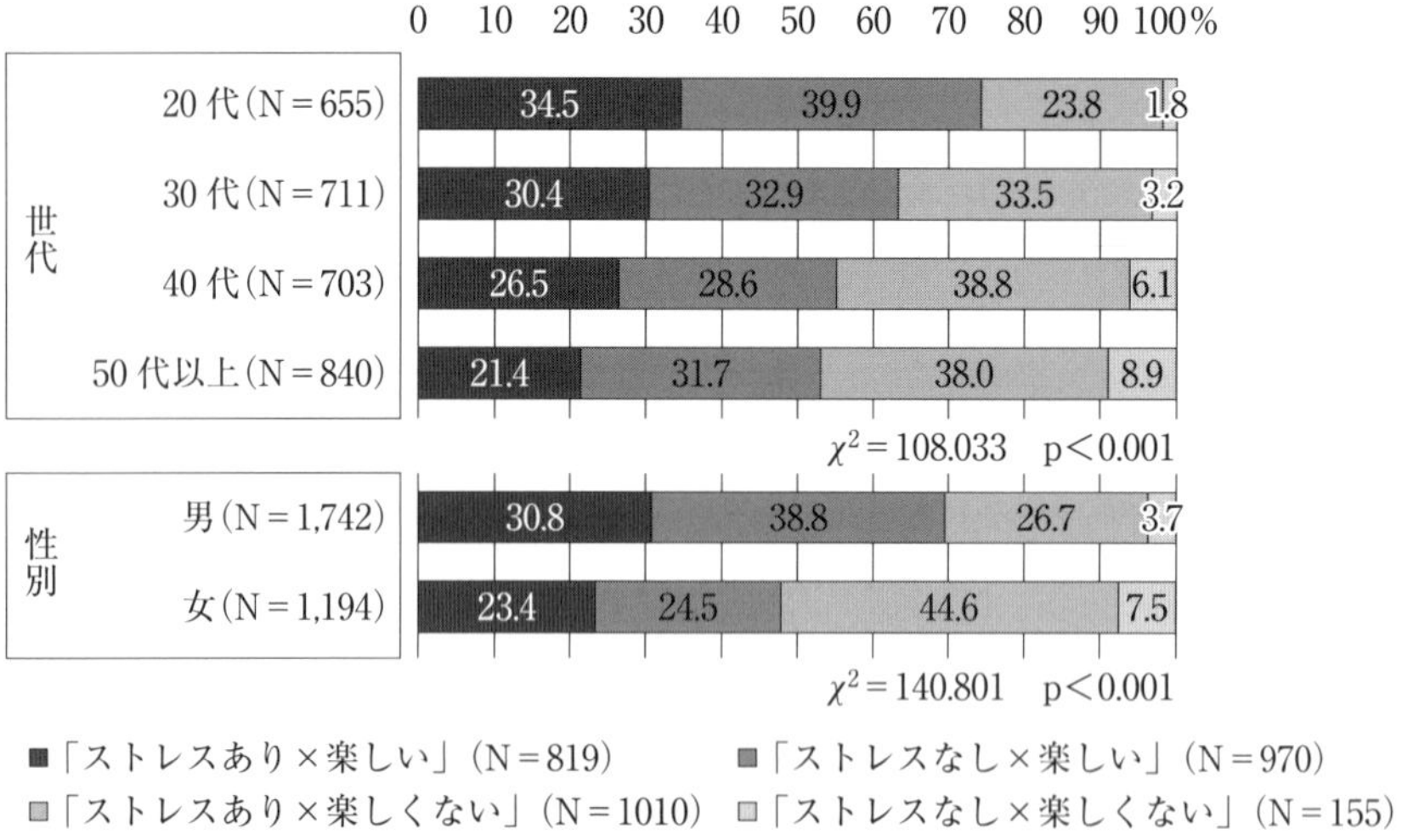

図2-10 属性別にみる教員の部活動に対する意識

まず、「ストレスあり×楽しい」という意識は、若手教員で共有されている。二〇代教員では三四・五％なのに対し、五〇代以上教員では二一・四％と一〇ポイント以上の開きがある。その一方で、「ストレスあり×楽しくない」という教員は、年配の教員で多くなっており、四〇代・五〇代以上教員では、それぞれ三八・八％、三八・〇％なのに対し、二〇代教員では二三・八％に過ぎない。

また、性別にみれば、男性教員は、「ストレスあり×楽しい」という者が三〇・八％を占める一方で、女性教員では二三・四％にとどまる。その逆に、「ストレスあり×楽しくない」という教員は、女性教員で四四・六％なのに対し、男性教員では、二六・七％となっている。男性教員は、部活動顧問を楽しいものとして捉える一方で、女性教員は、部活顧問から生じるストレスをより強く感じていると考えられる。

ここで、第1章で検討した部活動立会時間の実態を踏まえるならば、より部活動立会時間が長く、客観的には多忙なはずの若手教員と男性教員で、部活動顧問に楽しさを見出し、積極的に取り組む姿が見て取れる。それは、「ストレスあり×楽しい」の割合だけでなく、「ストレスなし×楽しい」の割合をみても明らかである。

以上、部活動に対する意識を年代別・性別に検討した結果、部活動立会時間がより長くなっているはずの若手教員と男性教員において、必ずしも部活動に対してネガティブな意識が持たれているわけではないことが明らかとなった。むしろかれらにとって部活動は、楽しさを享受させるものとしてポジティブに捉えられていた。別言すれば、客観的な多忙化の実態と主観的な多忙感の意識には、大きなズレが確認できるのである。

4　なぜ多忙にもかかわらず部活動は求められるのか

それでは、なぜかれらは客観的には多忙な状況にあるにもかかわらず、それをポジティブに捉えているのだろうか。本節では、その理由を考えてみたい。

生徒に対する部活動の意義・効用

まず一つ目の理由として考えられるのが、生徒に対する教育的意義・効用である。次々頁の**図2-11**は、「部活動は生徒の就職や進学の役に立つ」という質問項目に対する回答結果である（「あてはまる」は「とてもあてはまる」と「どちらかといえばあてはまる」の合計を、「あてはまらない」は「どちらかといえばあてはまらない」と「全くあてはまらない」の合計を示している）。

図からは、教員の属性によらず、いずれも八割を超える教員が、「部活動は生徒の就職や進学の役に立つ」と考えていることがわかる。その中でも、とくに部活動に対してポジティブな意味づけをしていた教員、つまり、若手教員と男性教員で数値が大きくなっている。

先行研究においても、部活動経験が将来の昇進に影響していること（大竹・佐々木、二〇〇九）や、スポーツ推薦入試によって大学進学が可能になっていること（栗山、二〇一七）などが指摘されている。教員の認識は、こうした実態を反映したものであろう。

また、部活動は生徒指導の文脈においても意義があるものとして認識されている。「部活動は、生徒の問題行動（遅刻・いじめ・サボり等）の抑止に効果がある」という質問項目への回答結果を属性別にみると、図2-11と同じく、若手教員と男性教員で多くなっている（**図2-12**）。とりわけ、二〇代教員では四七・四％が「あてはまる」と答えているのに対し、五〇代以上教員では三一・三％に過ぎない。同様に、男性教員の四二・七％に対し、女性教員では二九・〇％と大きな開きが確認できる。やはり、部活動にポジティブな意識を持っている教員ほど、部活動の効能に対する認識が高いといえる。

しかし、部活動は「生徒のため」という理由でのみポジティブに意味づけらるわけではない。それは「自分のため」、つまり教員自身にとっても意味のあるものとして認識されている。

教員に対する部活動の意義・効用

まず、部活動顧問は、教員の力量形成と密接に関連づけて捉えられている。**図2-13**は、「部活動指導によって、教員としての資質が向上する」という質問項目への回答結果を属性別に検討し

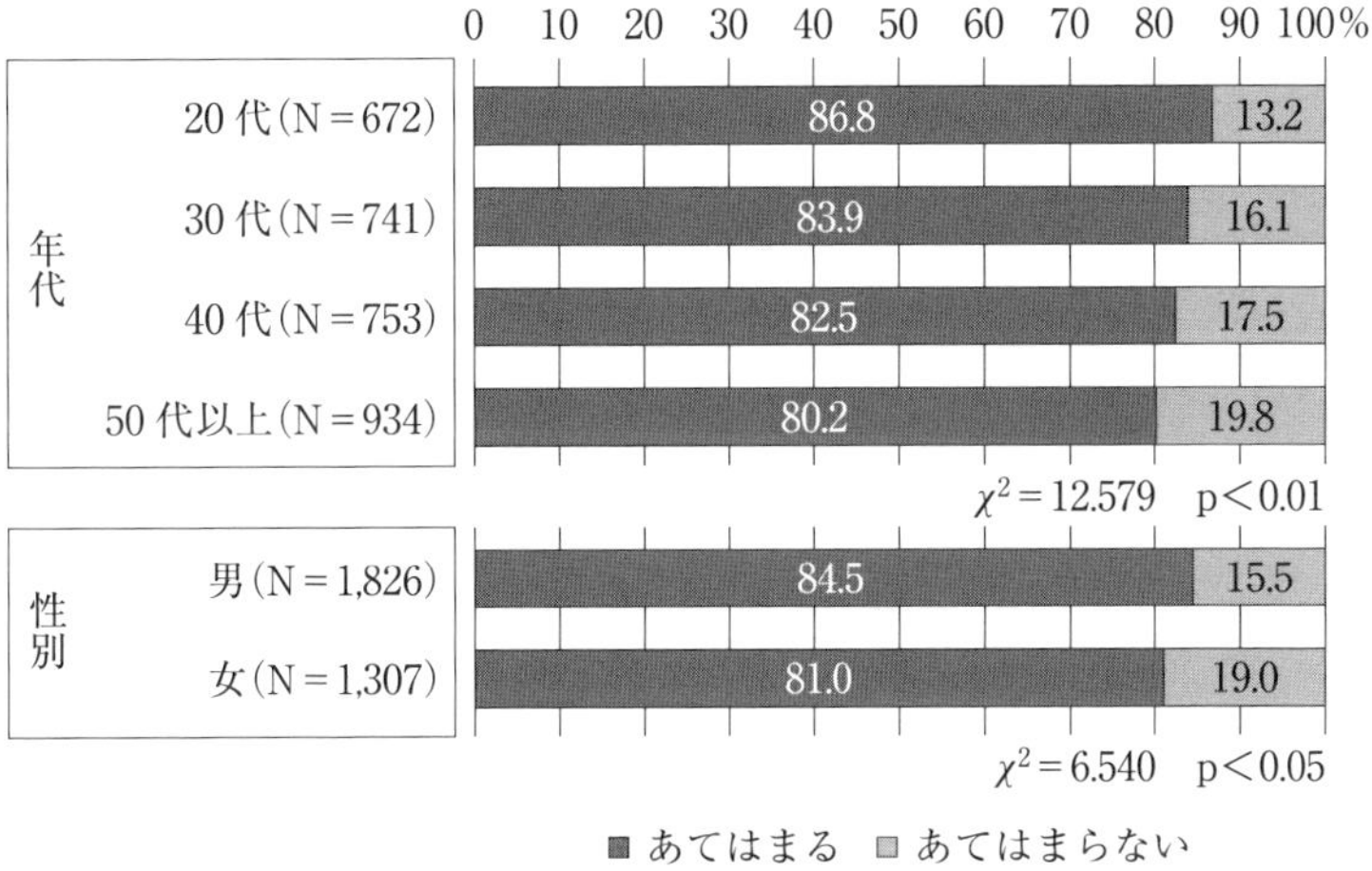

図 2-11 「部活動は生徒の就職や進学の役に立つ」

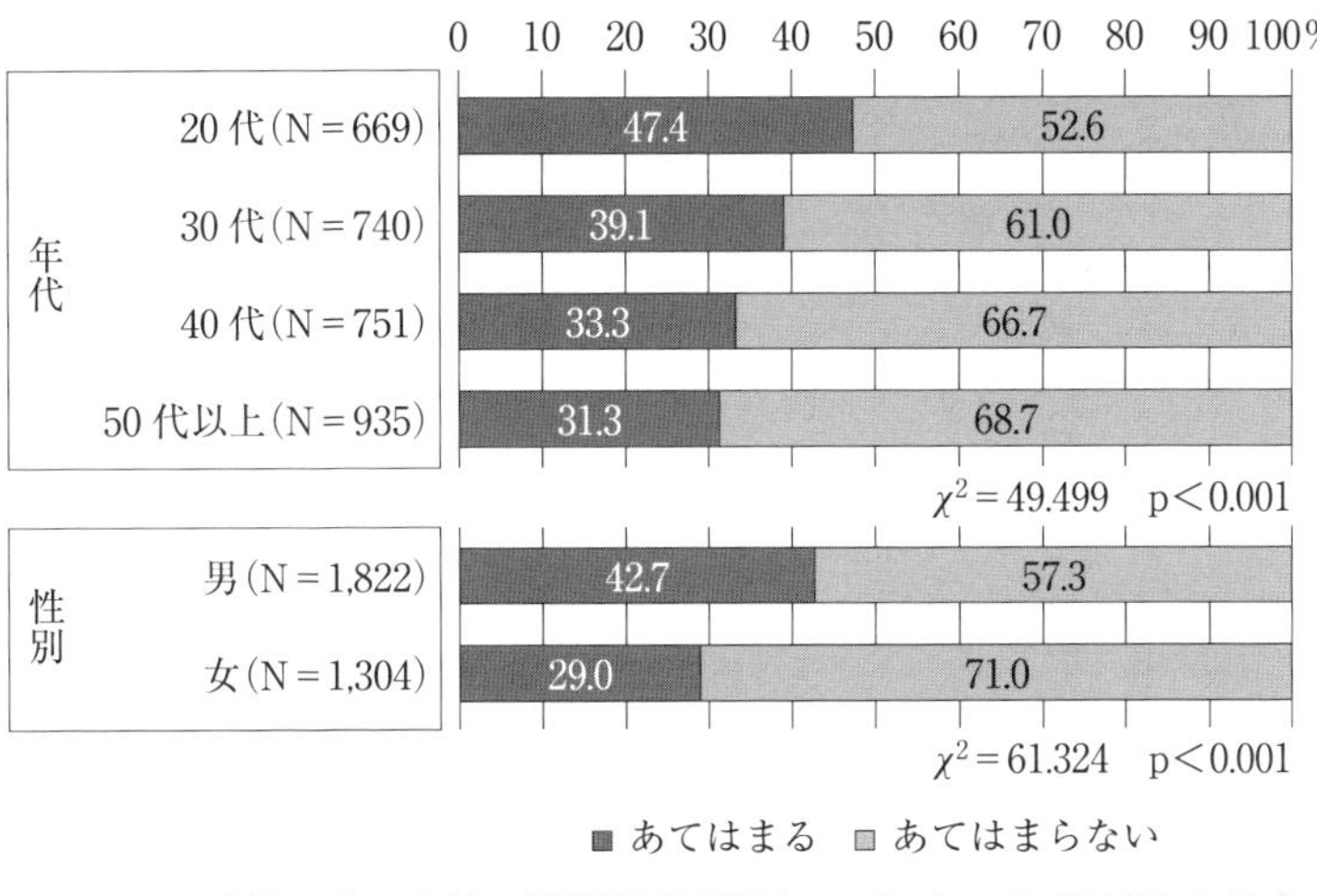

図 2-12 「部活動は生徒の問題行動(遅刻・いじめ・サボり等)の抑止に効果がある」

たものである。

図からは、やはり若手教員と男性教員で数値が大きくなっていることがわかる。二〇代の教員で七三・六%が「あてはまる」と答えているのに対し、三〇代・四〇代では、それぞれ六五・一%と六〇・三%、五〇代以上に至っては五六・九%まで減少する。また、性別でみると、男性教員と女性教員の間で一七ポイントもの開きがある。(3)

続く**図2-14**は「部活動指導と教科指導の両方に秀でてこそ、一人前の教員だ」という望ましい教員像をたずねた質問項目への回答結果である。ここでも同じく、若手教員と男性教員で「あてはまる」と答えた教員が多くなっている。

このように、多忙な状況にありながら、部活動顧問に楽しさを見出し、顧問をしたいという教員ほど、自身の資質向上や、教員としてのあるべき姿の一要素を構成する重要な機会として部活動を認識しているのである。

以上、部活動に対してポジティブな意味づけがなされる理由を、生徒および教員自身への意義・効用という観点から検討してきた。部活動は確かに、教員勤務の多忙化をもたらし、多くの問題を抱えていることに間違いはない。しかし、部活動顧問に楽しさを見出し、顧問を引き続き担当したいという教員にとっては、少なからず積極的意義を持つものとして認識されているのである。ゆえに、かれらはたとえ長時間労働を引き受けることになったとしても、意味のあるものとして部活動に関与し続けると考えられる。

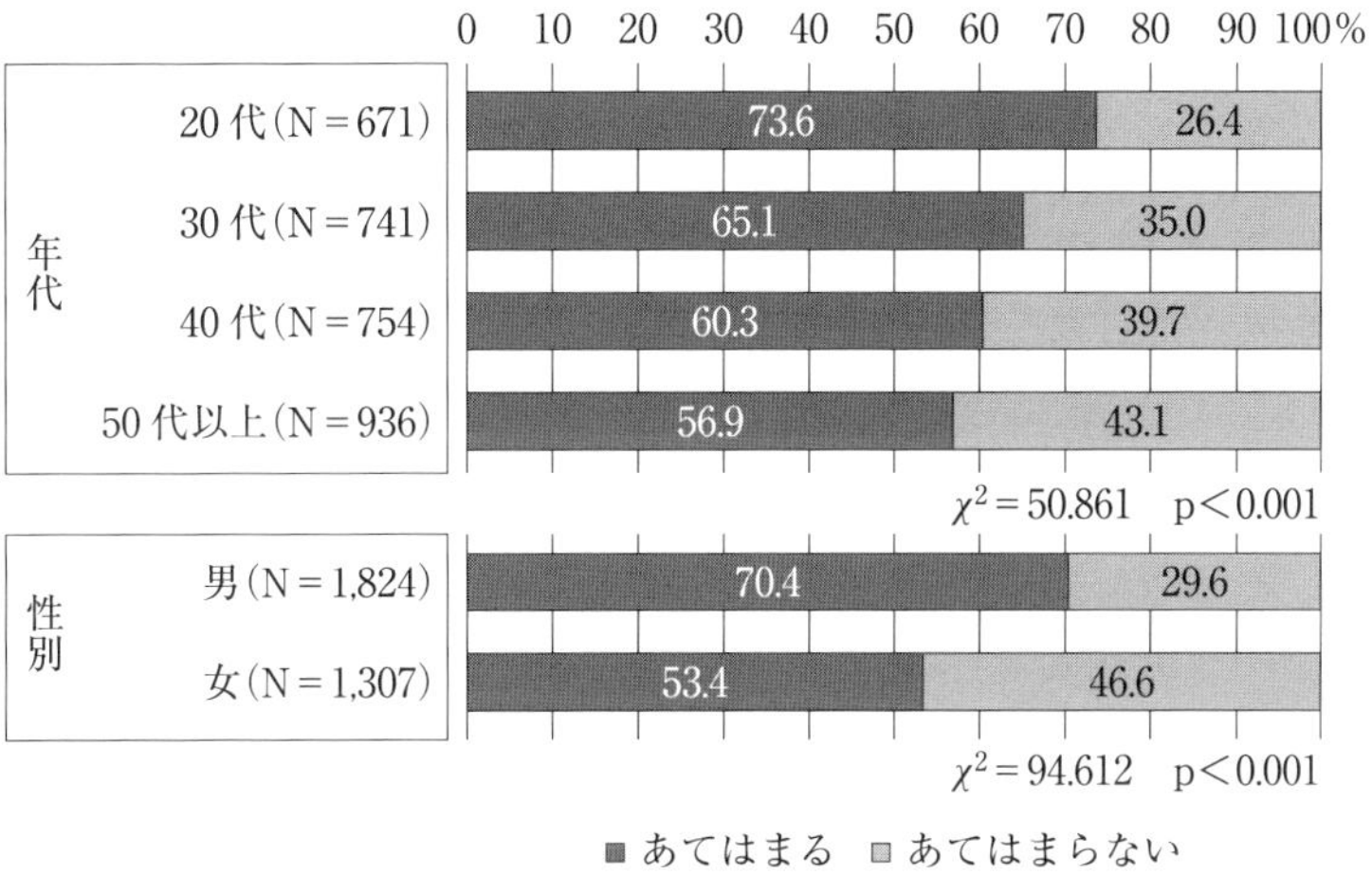

図 2-13 「部活動指導によって，教員としての資質が向上する」

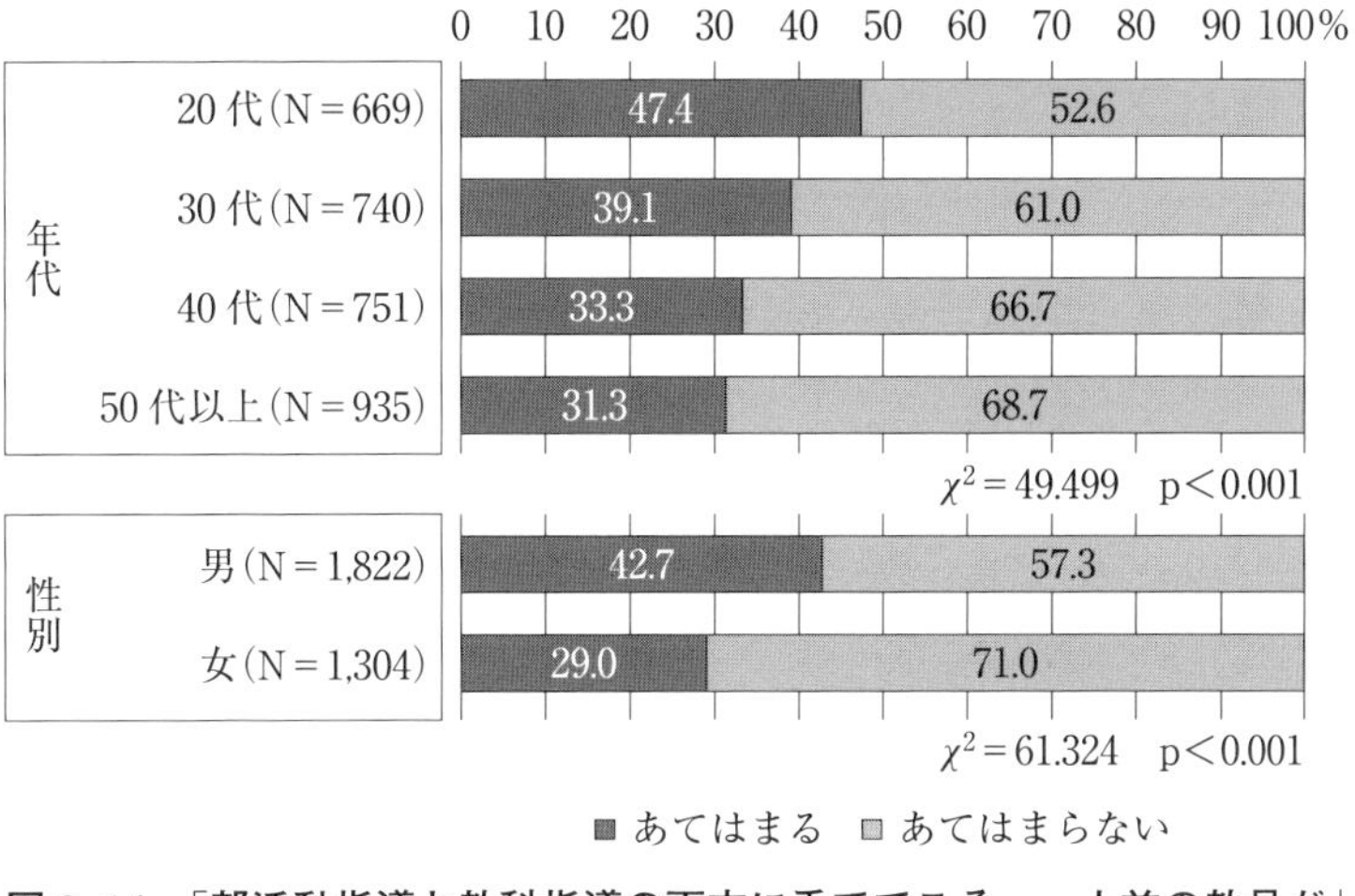

図 2-14 「部活動指導と教科指導の両方に秀でてこそ，一人前の教員だ」

5　学校における働き方改革の実現に向けて
――分化した教員集団をどのように考えるべきか

本章の検討で明らかになった知見は、次の四点である。

①働き方に対する意識については、八割を超える教員が、「仕事が忙しい」と感じる一方で、「仕事にやりがいを感じる」と答えていた。働き方に対する意識の均質性・共通性が指摘できる。

②部活動に対する意識については、部活動顧問に対するストレスと楽しさをめぐって、教員集団が大きく三つに分化していた。意識の面での多様性が指摘できる。

③誰が部活動にポジティブな意味づけをしているのか、またネガティブな意味づけをしているのかを検討した結果、前者には若手教員と男性教員が、後者には年配教員と女性教員があてはまることがわかった。教員の置かれている状況によって部活動に対する意識が異なっていると推察される。

④部活動に対してポジティブな意味づけをする教員に着目し、その理由を検討したところ、生徒および教員自身に対して何らかの積極的意義があると見なされていることがわかった。

以上の知見をまとめると、とりわけ部活動において、教員集団が大きく分化していることがわかる。つまり、部活動に積極的な意義を見出し、主体的に関与しようとする教員と、部活動に意義を見出すことなく、より多くのストレスを感じながら関与させられている教員に二分されているのである。前者には若手教員と男性教員が、後者には年配教員と女性教員が位置づけられる[4]。しかも、後者に比べて、前者の方が部活動立会時間が長くなっており、客観的には多忙な状態にある。

4節の分析で示した通り、確かに部活動顧問には複数の側面から積極的意義が見出せる。ゆえに、やりがいを持って業務に取り組めるということについては評価すべきかもしれない。しかし、ここで改めて問題にしなければならないのは、そうした教員こそが客観的にはより多忙な状況にあるということである。やりがいを持って仕事に取り組んでいること自体は否定すべきではないが、そうだとしても、かれらこそが、そのやりがいの強さによって、気づかぬうちに過労死という最悪の結末を迎えかねないのである。かれらの主体性には歯止めをかける必要があるだろう[5]。

また、やりがいを見出すことができず、ストレスフルな状態で部活動顧問を担当している教員が一定の層で存在している事実からは、早急に現在の働き方を見直す必要があるといえる。かれらこそが、過度の疲弊状態に陥ったり、バーンアウトしたりするなど、また休職・離職といった形で教員という仕事自体から離れていくなど、過重な負担を背負っていると考えられるためである。

以上の考察から導き出されるのは、学校の部活動と働き方改革において取り組まれるべき問題が二種類あるということである。つまり、第一に、「やりがい」を理由として、多忙な状況が受容されるのみならず、教員自身の主体性によってさらなる多忙化が惹起《じゃっき》されていること、第二に、過度なストレスを抱え込みながら働かざるを得ない教員が実際に一定の規模で存在していることである。

それでは、現在進行している学校の働き方改革は、これらの問題を正確に捉えきれているだろうか。声高に議論されている部活動問題においてはどうか。

繰り返しになるが、長時間に及ぶ過酷な勤務状況は早急に解決される必要がある。その要因の一つとして指摘される部活動問題も同様に、早急な対応策が求められることに異論はない。

しかし、本章で検討したような教員の意識を踏まえなければ、現状の働き方を改善しようとする施策が、現状の働き方・部活動のあり方に積極的な意義を見出す教員自身によって有名無実化する可能性があるのではないだろうか。

まずは、長時間労働が蔓延し、そのことを正確に認識していたとしても、日々の業務の中でやりがいや楽しさを見出し、部活動においてはその積極的意義を感受することで、多忙な状況を受容する教員がいる事実をきちんと理解する必要がある。そのうえで、かれらの過度に高まった主体性をどこまで抑える必要があるのか、また、ストレスを抱える教員については、そのストレスをどのように軽減していくかを同時に議論していくことが求められると考える。

そして、以上の議論を踏まえれば、部活動をただちに、一律になくしたり外部委託したりするような施策は現実的ではないだろう。こうした施策は、部活動に積極的な意義を見出す教員によって反対されてしまいかねないからである。そうであるとすれば、現実的な対応策として、どのようなプランが求められるだろうか。次章では、教員個人の経歴という観点から、部活動問題によりフォーカスした分析を行い、具体的なプランを提示したい。

注

(1) 落合(二〇〇九)は、やる意味を感じさせない仕事の増加が、教師のアイデンティティを揺るがし、職務に対する熱意を減退させ、教師疲弊やバーンアウトを導くと論じている。この指摘を踏まえるならば、仕事が忙しく、やりがいを持てない教員は、教員集団の中でもっとも疲弊しており、バーンアウト予備軍と呼べるような状況にあると言えるだろう。

(2) 三〇代・四〇代という年代は、教師のライフサイクルにおいて、結婚・出産・育児というプライベートな生活上の変化および職位の変化を経験するタイミングである(紅林、一九九九)。また、若手教員への指導という役割も加わる時期でもある(今津、二〇一七)。

(3) 本調査では、「部活動指導によって、教員としての資質が向上する」という質問項目のみを設定しているため、具体的にどのような資質が向上すると考えられているのか、その内実は検討できない。しかし、先行研究を参照すると、たとえば、黒澤・横山(二〇一五、五頁)では、高校教員が対象ではあるが、「部活顧問を経験して、教師として身に付いたことはあるか(あれば、どのような力か)」という質問に対する回答として、「教師として集団指導の能力が身に付いた」「生徒との関係性が構築できた」「生徒指導力が高まった」などがあげられている。

(4) もちろん、すべての若手教員と男性教員が前者に属し、すべての年配教員と女性教員が後者に属するというわけではない。ここでは、大きな見取り図を描いたにすぎず、それぞれの教員集団内部の差異についても詳細に検討する必要がある。

(5) こうした積極的な教員の指導によって、子どもに直接的な負担がかかる可能性も考えられる。**図2-15**では、「あなたは、生徒が次のような理由で部活動を休むことを、適当だと思いますか」という質問項目に対して、「適当ではない」(「どちらかといえば適当ではない」+「適当ではない」)と答えた教員の割合を年代別に示した。これをみると、とくに、「家族旅行」「習い事」、「学習塾」といった家庭における選択の領分に、教員の考えが介入し、子どもが部活

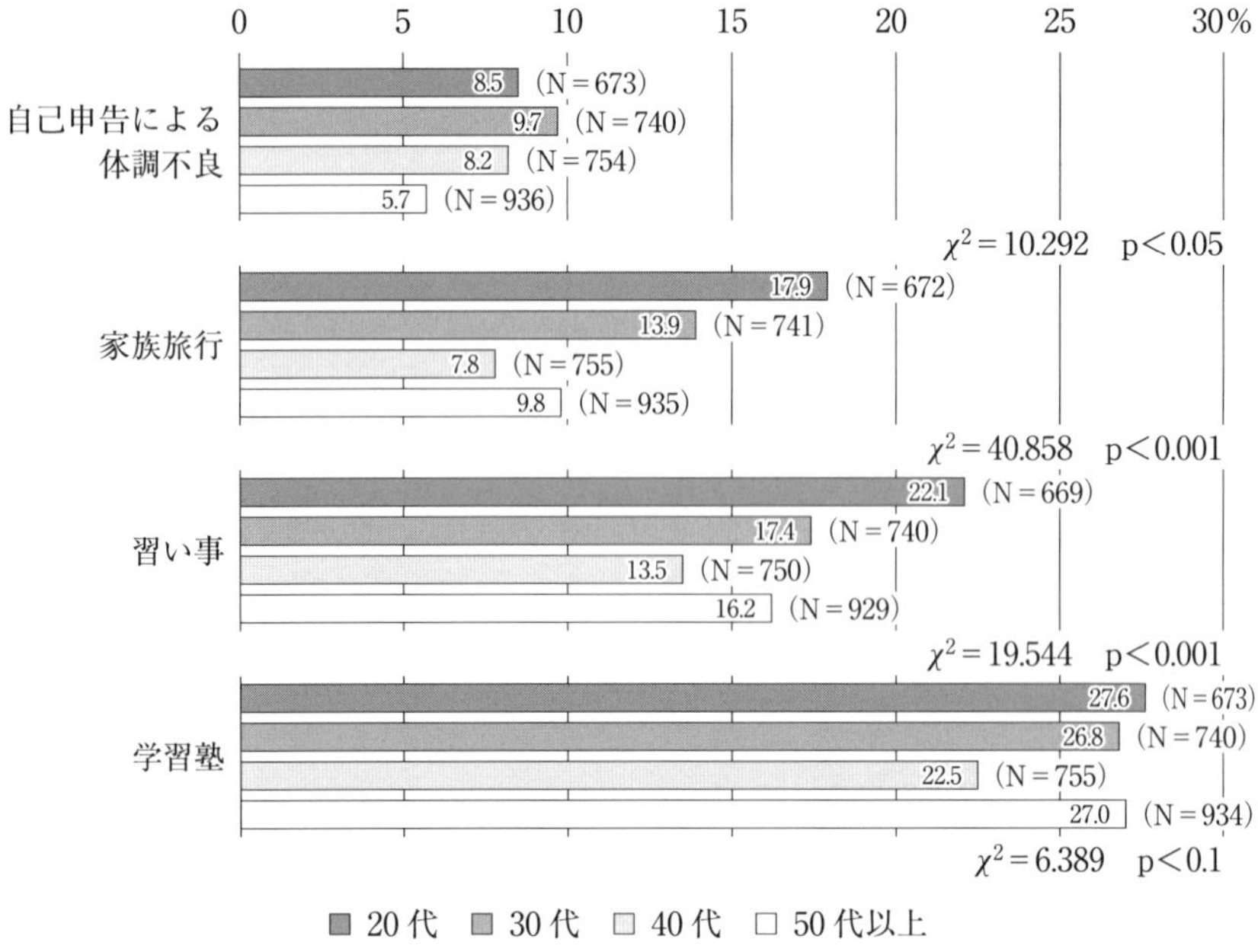

図 2-15 生徒が部活動を休む理由の妥当性に関する年代別の意識

動を休めない状況が生まれていると推察される。五〇代以上教員が特徴的な傾向を示しているが、それ以外では、とくに若手教員で「適当ではない」とする教員が多くなっている。また、「自己申告による体調不良」を理由とした場合であっても、三〇代教員で約一割の教員が休むことを「適当ではない」としている点も、部活動の過熱がもたらす問題状況を示していよう。同時に、性別でも検討したが、いずれの項目においても女性教員で「適当ではない」とする割合が多かった(図は省略)。部活動を休むことに対する寛容さは、部活動にポジティブな意味づけをしている男性教員で高いのかもしれないが、より詳細な検討が求められる。

参考文献

落合美貴子 二〇〇九、『バーンアウトのエスノグラフィー――教師・精神科看護師の疲弊』ミネルヴァ書房。
今津孝次郎 二〇一七、『新版 変動社会の教師教育』名古屋大学出版会。
大竹文雄・佐々木勝 二〇〇九、「スポーツ活動と昇進」『日本労働研究雑誌』五一(六)、六二―八九頁。
紅林伸幸 一九九九、「教師のライフサイクルにおける危機――中堅教師の憂鬱」油布佐和子編『教師の現在・教職の未来――あすの教師像を模索する』教育出版、三二―五〇頁。

栗山靖弘　二〇一七、「強豪校野球部員のスポーツ推薦による進学先決定のメカニズム――部活を通じた進路形成と強豪校の存立基盤」『スポーツ社会学研究』二五（一）、六五―八〇頁。
黒澤寛己・横山勝彦　二〇一五、「運動部活動を活用した教師力向上政策――「教師教育」を視点に」『同志社スポーツ健康科学』七、一―八頁。
舞田敏彦　二〇一三、『教育の使命と実態――データからみた教育社会学試論』武蔵野大学出版会。

第3章　専門的知識や過去の経験から見た部活動の負担

加藤一晃

1　教員の持つ専門的知識や過去の経験による違い

前章までは、部活動へのかかわり方に関して、性別や年齢による違いを見てきた。この章では視点を変えて、教員が身につけている専門的知識や過去の経験から、部活動の負担の実態を明らかにしていく。

教員の持つ専門的知識や過去の経験は、学校での教育活動をうまく進めていくための重要な資源だ。それらがない場合、教員は大きな困難に直面することになる。

たとえば二〇一七年三月に告示された新学習指導要領では、小学校（五・六年）において外国語を「教科」として教えることが定められた。その指導は、中学・高校のように英語専門の教員ではなく、学級担任が中心となって行うという。問題は、教員たちが今まで扱ってこなかった内容であるにもかかわらず、十分な研修の機会が設けられていないことである（寺沢、二〇一七）。多くの教員は、専門的知識と経験がないままに英語を教えなければならず、大きな負担になると予想される。

部活動の抱える問題も、これと同根である。つまり、現在の大学における教員養成プログラムでは、部活動に関する事項は必ずしも教えられるものではない。それにもかかわらず、教員は部活動指導に携わらなくてはならないのである。本章では、こうした専門的知識や経験の不在が、どのように教員の負担につながっているのかを明らかにしていく。

以下ではまず、専門的知識(担当教科)や自身の中高生時代の部活動経験の違いによって、部活動への関与やその負担がどのように異なるのかを見ていく。この作業から、専門的知識や経験とのミスマッチによって、部活動指導に苦悩する教員の姿が浮かび上がってくる。それを踏まえて、教員が無理なくかかわることのできる部活動のあり方を考えよう。

2　担当教科による部活動へのかかわりの違い

教員の専門的知識と部活動顧問

まず、教員の専門的知識を表す担当教科に注目して、部活動へのかかわりや、それに感じるストレスを見ていく。次頁の**図3-1**に、担当教科別の部活動顧問担当状況を示した。まずわかるのは、どの担当教科でも、ほぼ全員が何らかの部活動顧問に就いているということである。顧問をしていない教員は、いずれの教科においても一割に満たない。

加えて、多くの教科で、運動部の顧問をする教員が多数派だということがわかる。保健体育科にいたっては九五・四%が運動部の顧問に就いており、自らの専門性を生かしやすい部の顧問に就いている。それと同時に、保健体育科以外の教科でも、運動部の顧問をする教員が多い。外国語・社会・理科・数学・国語の担当教員は七割以上が運動部の顧問に就いている。

これらの教員は、自らの担当教科に関する知識を部活動指導に生かすことが難しい。**図3-2**

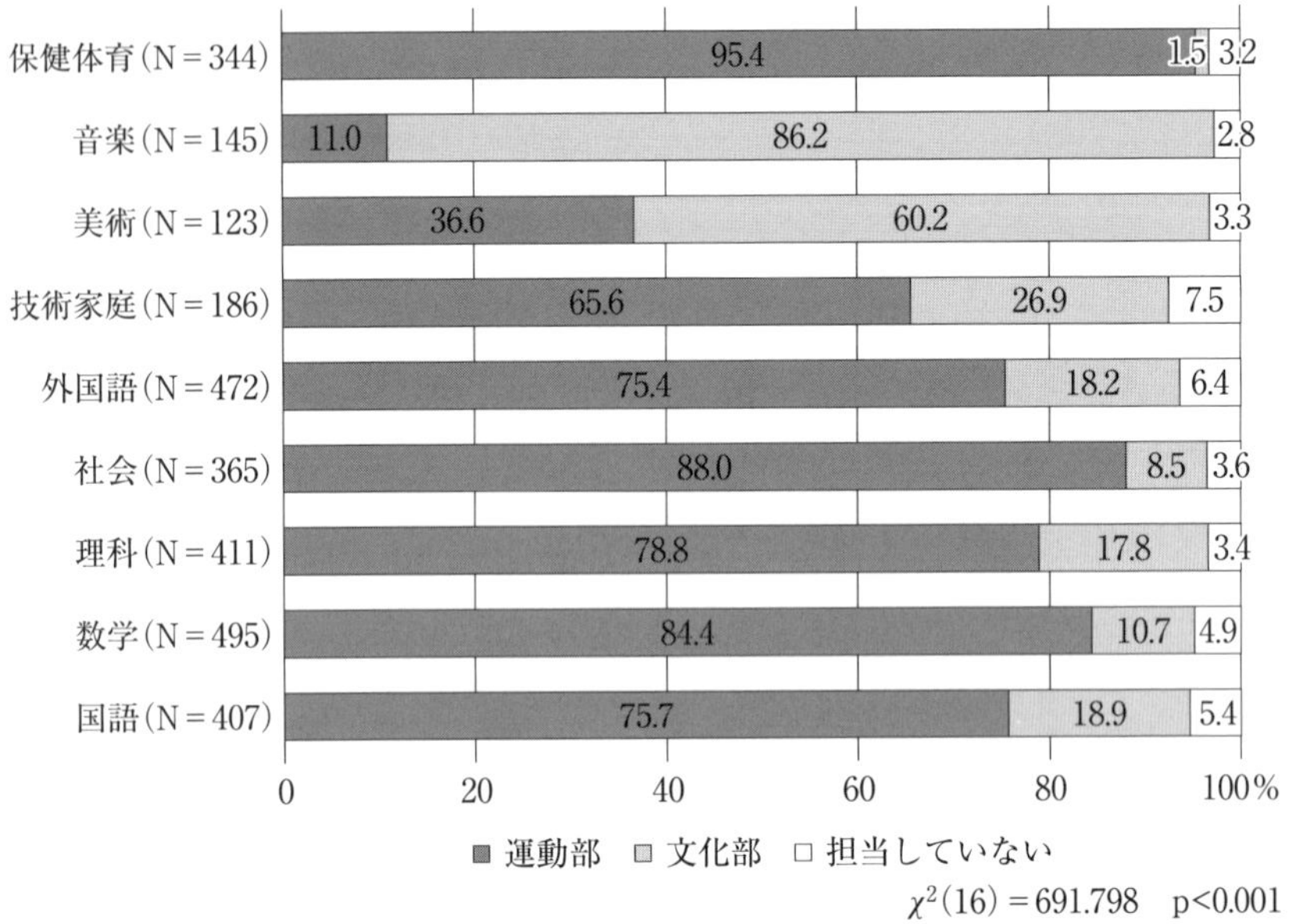

図 3-1　担当教科別に見た部活動顧問の担当状況

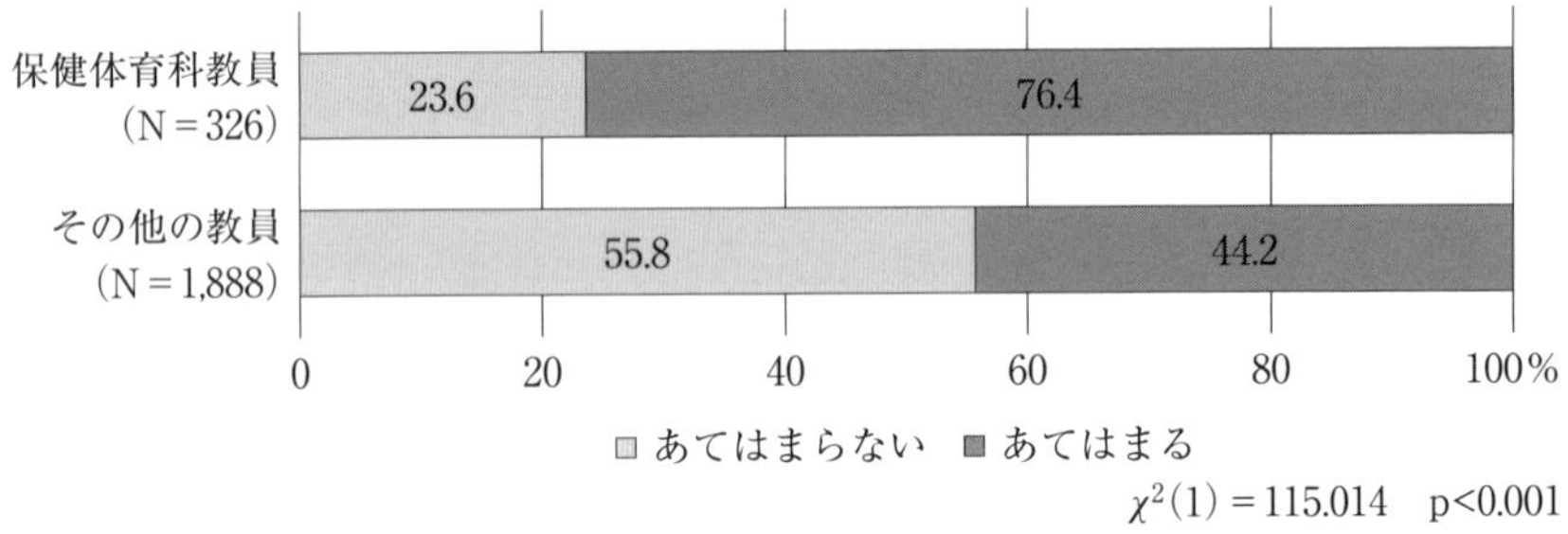

図 3-2　運動部顧問教員における担当教科と科学的指導の可否の関係

は、運動部顧問教員に対し、科学的知識に基づいて部活動指導を行うことができるかどうかをたずねた結果である。保健体育科教員は七割以上が科学的知識に基づいて指導できると答えているのに対し、その他の教員は四割ほどである。保健体育科以外の教員が、専門的知識がないままに運動部の指導に当たらざるを得ない実態が透けて見える。

なお、音楽科と美術科の教員は例外的である。これらの教科では、文化部の顧問に就いている教員が多数派となっている。具体的にどんな部の顧問をしているのか確認してみたところ、音楽科教員は実に七〇・〇%が吹奏楽系の、美術科は五四・二%が美術工芸系の部の顧問をしていた。音楽科と美術科の教員は、自分の専門に比較的近い部の顧問をしているようだ。

部活動立会時間とストレス

別の観点からも部活動へのかかわりを見てみよう。次頁の**表3-1**は、担当教科別に見た部活動への立会時間である。部活動顧問をしている教員だけを対象に、担当教科ごとに部活動立会時間の平均値を算出した。ここからは、教科によって部活動へ立ち会う時間の長さが異なるのがわかる。保健体育科教員の立会時間が最も長く、社会・音楽・数学の担当教員が平均以上となっている。それに対し、立会時間が最も短いのは美術科であり、それ以外にも技術家庭・外国語・国語・理科の担当教員も平均より短い傾向がある。

部活動に対する意識にも、教科間で違いがある。**表3-2**に、担当教科と部活動指導に感じるストレスの関係をまとめた。比較的割合が高いのは外国語科や技術家庭科、音楽科、国語科の教

表3-1　担当教科別に見た週当たり部活動立会時間（顧問担当教員のみ）

担当教科	平均値	標準偏差
国語（N＝370）	586.45	383.57
数学（N＝460）	634.14	356.33
理科（N＝388）	617.85	393.76
社会（N＝347）	684.33	372.05
外国語（N＝427）	571.77	379.90
技術家庭（N＝165）	559.40	397.90
美術（N＝114）	452.32	331.06
音楽（N＝137）	658.98	372.92
保健体育（N＝329）	751.98	339.16
全体（N＝2737）	625.34	377.33

※時間の長い教科には網掛けをしている．

表3-2　担当教科と部活動指導へのストレスの関係

担当教科	部活動指導にストレスを感じる		
	そう思わない	そう思う	計
国語（N＝375）	33.9	66.1	100.0
数学（N＝464）	37.1	62.9	100.0
理科（N＝391）	37.9	62.1	100.0
社会（N＝347）	41.2	58.8	100.0
外国語（N＝433）	30.3	69.7	100.0
技術家庭（N＝169）	31.4	68.6	100.0
美術（N＝117）	44.4	55.6	100.0
音楽（N＝139）	33.8	66.2	100.0
保健体育（N＝332）	54.5%	45.5	100.0
計（N＝2767）	38.1	61.9	100.0%

※割合の多い教科には網掛けをしている．

員で、約七割が部活動指導にストレスを感じている。その他の教科でも、ストレスを感じる教員の方が多数派である。保健体育科は例外で、ストレスを感じない教員の方が多い。

このように、部活動にかかわる時間や部活動に感じるストレスは、担当する教科間で異なっている。ここで、部活動へ立ち会う時間とストレスの関係に注目してみよう。先ほど示した、教科別の部活動立会時間の平均値（表3-1）と、教科別の部活動に感じるストレス（表3-2）から、**図**

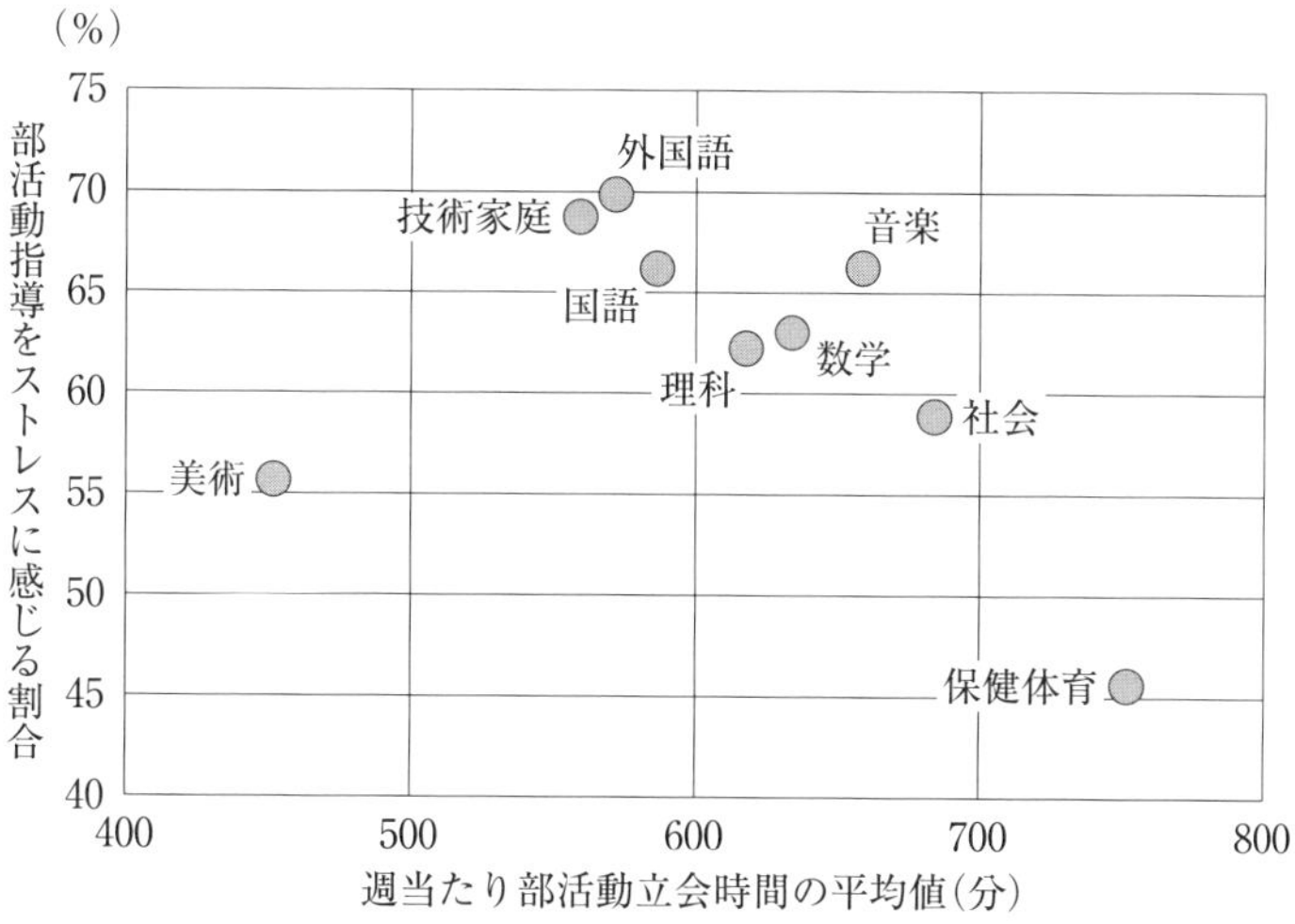

図 3-3　部活動立会時間とストレスの関係

3-3を作成した。部活動立会時間の平均値を横軸に、部活動にストレスを感じる割合を縦軸にとり、その中に各教科を配置したものである。

ここからは、美術科を例外として、部活動立会時間が長い教科の教員ほど、部活動指導をストレスに感じる割合が低いことがわかる[1]。保健体育科の教員は立会時間が最も長いが、ストレスを感じる割合は最も低い。逆に、外国語科や技術家庭科の教員は立会時間が比較的短いものの、ストレスを感じる割合は高い。

この図は、たとえ部活動へ立ち会う時間が比較的短くても、強いストレスをもたらしうるということを物語っている。部活動へ立ち会う時間の持つ重みは、教員の立場によって異なるのである。

最後に、部活動顧問をしたくないと思っている教員がどれくらいいるのかを見ておこう。来年度部活動顧問をしたいかどうかたずねた結果を、担当教科別にまとめたのが**図3-4**である。保健体育科は例外的で、約八割が次年度も部活動顧問をしたいと答えている。それに対し、国語・外

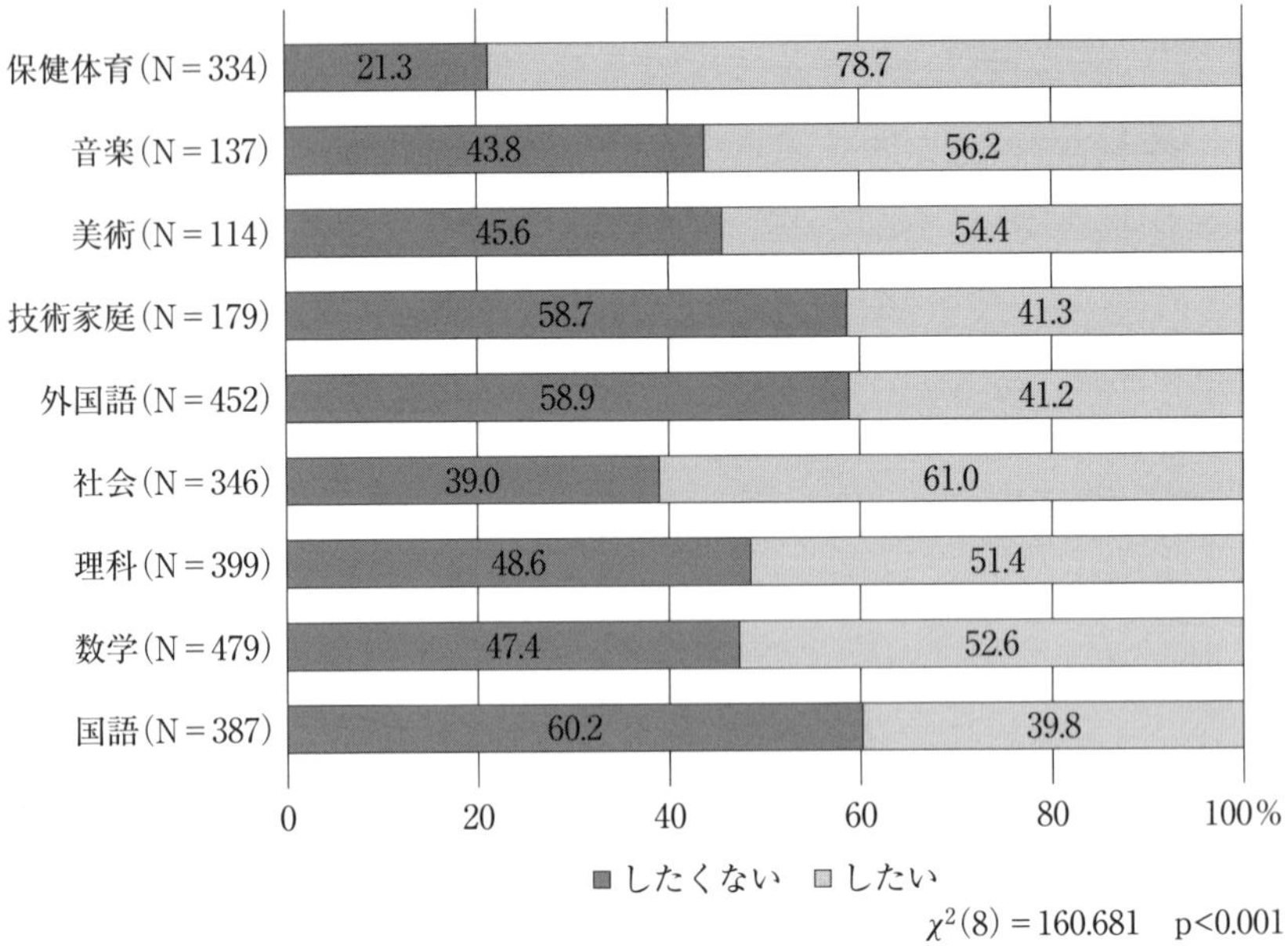

図 3-4　担当教科別に見た，来年度の部活動顧問担当希望

国語・技術家庭の担当教員は約六割が、部活動顧問をしたくないと答えている。いずれも、部活動指導にストレスを感じる割合が高かった教科である。その他にも、理科・数学・美術・音楽も部活動顧問をしたくない教員が半数近くにのぼる。教員の持つ専門性によっては、今後部活動を続けていくことに忌避感をもつ教員も多いのである。

以上に見てきたように、担当教科によって、部活動へのかかわり方は異なっている。音楽科、美術科を除くすべての担当教科において、運動部の顧問をする教員が多数を占めている。しかし保健体育科を除けば、多くの教員は活動についての知識や経験がないにもかかわらず、運動部の顧問を任されている。

また、部活動に立ち会う時間も教科によって違いがある。保健体育科のように非常に長く部活動に立ち会う教員もいる一方で、担当教科によっては、立会時間が比較的短い教員もいる。しかし、立ち会う時間が長いからといって、それが心理的負担（ストレス）につながるとは限らない。むしろ、たとえ部活動にかかわる時間が短くても、心理的負担を感じる教員がいる。部活動にかかわる時間の重みは、担当教科によって異なっているのである。そして担当教科によっては、心理的負担と同時に、来年度も部活動顧問を続けていくことに困難を感じる教員も多い。

身につけてきた専門的知識と部活動指導に求められる知識とのギャップ

このように、部活動指導をうまくこなしていけるかどうかには、担当教科、すなわち教員の身につけている専門的知識による差異がある。

現行の教育職員免許法下では、部活動の指導法を学ぶ機会はほとんどないといってよい。たとえば、中学校教諭一種免許状を取得するには「教科に関する科目」二〇単位、「教職に関する科目」三一単位、「教科または教職に関する科目」八単位を修得する必要がある。このうち「教職に関する科目」は、「特別活動の指導法」や「生徒指導の理論及び方法」といった事項を含む必要があるとされており、それらには部活動とかかわる側面もあるだろう。しかし、それぞれに充《あ》てられるのは数単位であり、部活動関連の内容に割くことのできる時間はさらに少ない。むろん、サッカーやバレーボール等の具体的な指導法まで身につける機会はないのが現状である。

そのため、自身の専門性を部活動に直接生かしうる保健体育科等の一部の教科を除けば、多くの教員は、部活動指導に役立つような訓練を受ける機会がほとんどないままに、部活動指導に取り組むことを求められている。部活動指導の負担の要因には、教員が教員になるために身につけ

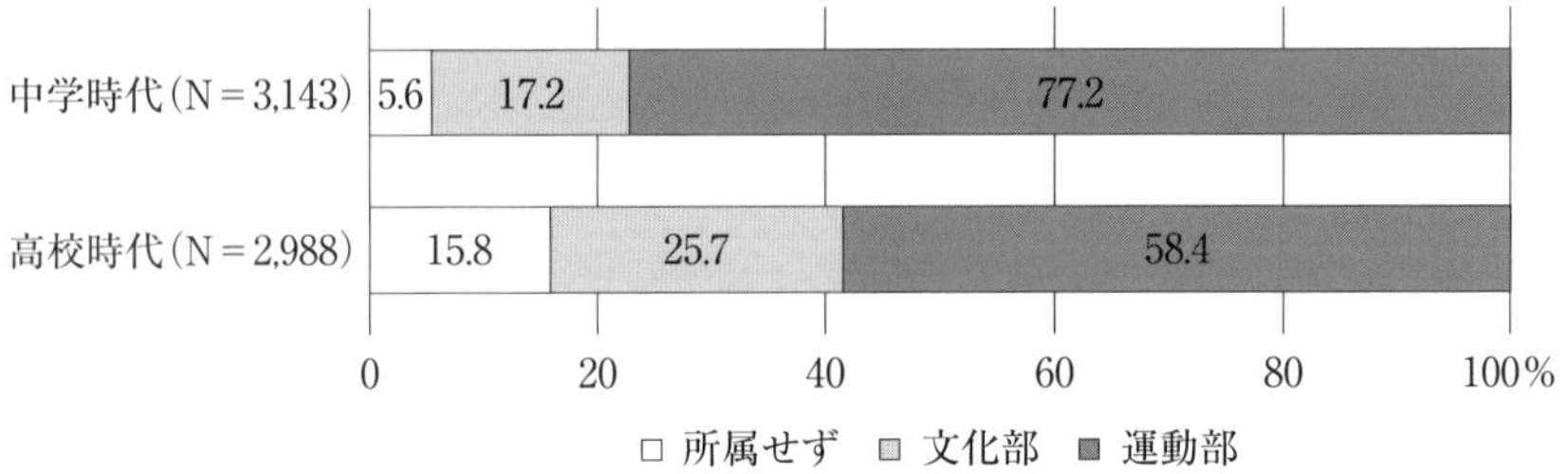

図 3-5　教員の中学・高校時代の部活動参加状況

てきた専門的知識と、部活動指導に求められる知識とのギャップがある(2)。

3　未経験の部にかかわる教員の苦悩

中学・高校時代の部活動経験

次に、教員自身の中高時代の部活動経験から、部活動へのかかわり方や、部活動への意識を見ていこう。前節で述べたように、自らの担当教科に関する専門性を生かして部活動指導に当たることのできる教員は多くない。そのため、教員自身の中高時代の部活動は、部活動指導に生かせるほとんど唯一の経験である。

図 3-5に、教員の中学・高校時代の部活動参加状況をまとめた。中学時代には、約九割が何らかの部活動に参加していた。さらに、約八割が運動部の経験者である。文化部を経験していた割合は、約二割であった。

高校時代に部活動を経験していた割合は、中学時代に比べればやや少ない。しかしそれでも、八割を超える教員が何らかの部活動を経験していた。また、運動部に参加していたのは約六割、文化部に参加していたのは約二・五割と、中学時代よりも文化部に参加していた教員はやや増える。

ちなみに、中学時代も高校時代も部活動に参加していなかった教員は二・七%に過ぎない(図は省略)。ほぼすべての教員が、中高時代に何らかの部活動経験をしているということができる。

しかし、その経験をそのまま現在の部活動指導に生かせるとは限らない。教員が過去に経験していた部と、現在担当している部との間にミスマッチが生じうるからだ。たとえば、年度替わりにある部の顧問が不在となれば、未経験の教員がその部の顧問を任されることがある。

そこで**図3-6**に、現在顧問をしている部の活動を、中高時代に経験していた教員の割合を示した。顧問を務める部の活動を中高時代に経験していた教員は、四二・五%である。それに対し、中高時代に経験がない部の顧問をしている割合は五七・五%と、半数を超えている。つまり、かつて経験したことのない部の顧問を任されている教員が多数派なのである[3]。

さらに次頁の**図3-7**は、未経験の部を任される教員の、当初の部活動顧問についての希望を図示したものである。部活動顧問そのものを希望していなかった教員が約四割と、最も多い。また、別の部の顧問を希望していた教員も、二割ほど見られる。この二つを合わせると、顧問をする活動の経験がない教員のうち約六割の教員が、不本意な形で現在の部の顧問を任されていることになる。

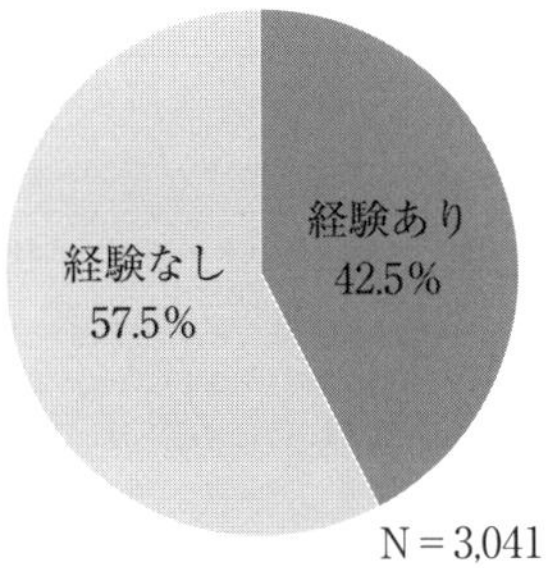

図3-6　顧問をする競技・活動を中高生時代に経験したことがあるか

未経験の部を指導することの持つ意味

経験したことのない部の顧問をするということは、教員にとってどのような意味を持つのだろうか。**図3-8**に、部活動顧問を担当する教員を対象にして、顧問をする部の経験の有無と、部活動に感じるストレスの関係を示した。これを見ると、経験がある教員よりも経験がなかった教員の方が、部活動にストレスを感じる割合が高いのがわかる。中高時代の経験がない教員は、部活動顧問にストレスを感じやすい傾向があるといえる。

さらに、中高時代の経験の有無と、来年度部活動顧問をしたいかどうかの関係を見たのが**図3‐9**である。中高時代に経験がある教員は、七割が来年度も部活動顧問をすることを望んでいる。それに対し、中高時代の経験がない教員は、六割が来年度は部活動顧問をしたくないと答えている。この結果からは、未経験の部の顧問を継続することの困難が伝わってくる。

自身の専門性を部活動に直接生かしうる一部の教科を除けば、教員自身の中高時代の部活動は、部活動指導に生かせるほとんど唯一の経験といってよい。そうした経験を利用できる教員は、部活動指導を比較的うまく続けることができる。

しかし、この節で見てきたように、自分が経験したことのない部を任される場合も少なくない。未経験の部を任される教員は、そうした状況からストレスを感じることも多く、できれば次の年は顧問をしたくないと思っている。

経験のある部の顧問ができるかどうかは、偶然に左右される度合いが大きいと考えられる。教員自身にどのような経験があるのかだけでなく、赴任した学校にどのような部活動があるのか、同僚が指導できる部は何か、といった複合的な要因がある。そうした教員個人ではどうにもなら

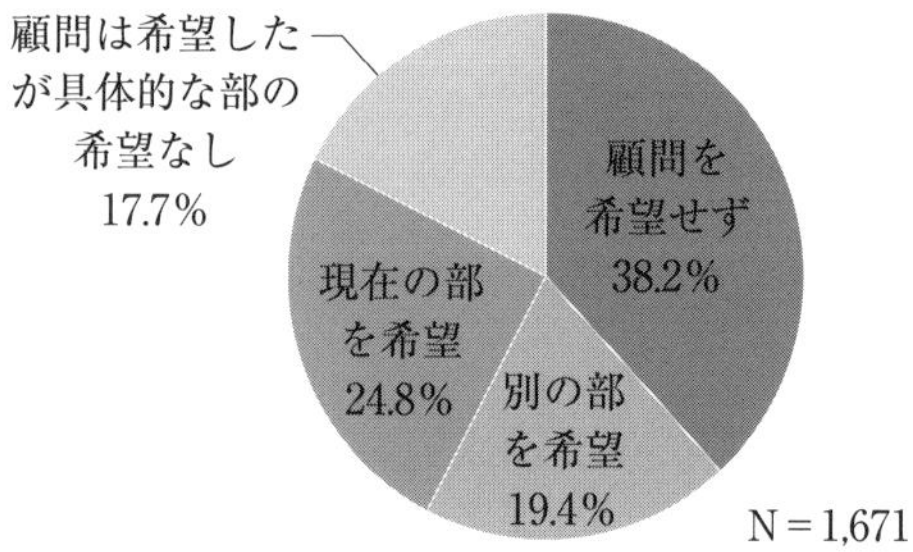

図3‐7　未経験の部を任される教員の，当初の部活動顧問についての希望

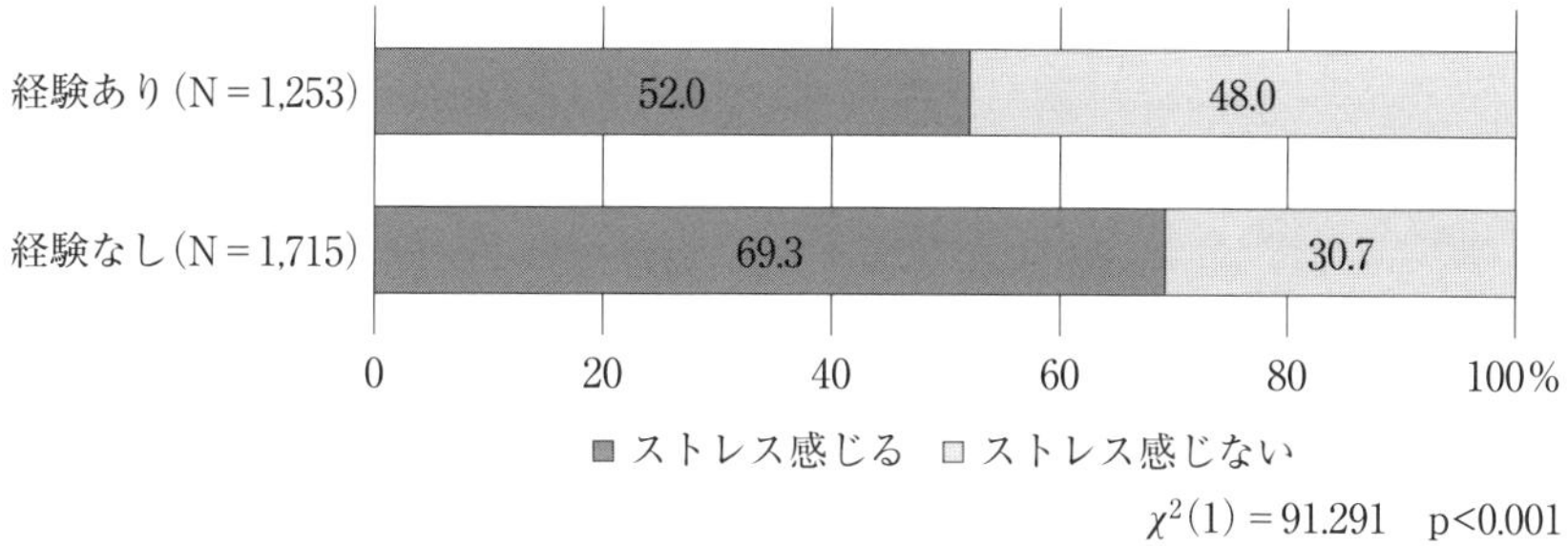

図3-8　中高時代の経験の有無と，部活動に感じるストレスの関係

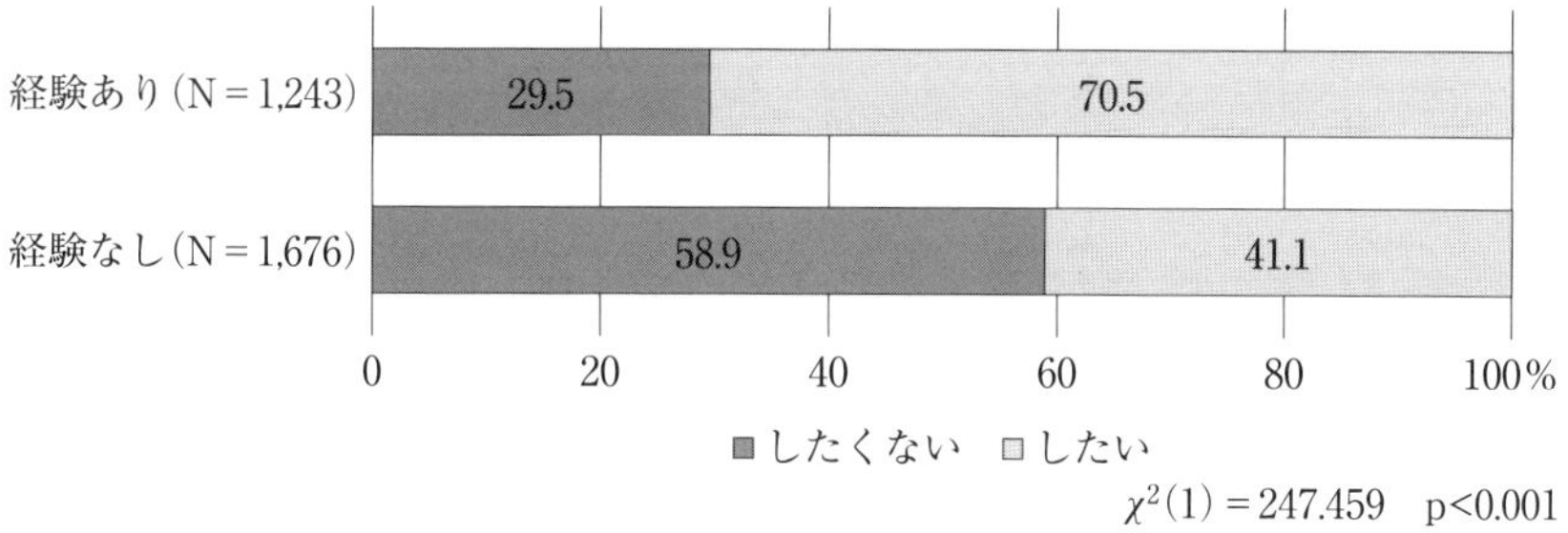

図3-9　中高時代の経験の有無と，次年度の部活動顧問希望の関係

ない諸要因に囲まれながら、教員は部活動にかかわっているのである。

4　部活動による負担を減らすために

外部委託の現状

ここまで、担当教科や中高時代の経験によって、部活動へのかかわり方や、部活動へ抱く意識に差異があることを確認してきた。担当教科や中高時代の経験によっては、今後部活動顧問をしたくないという教員も多い。

近年では、こうした部活動顧問をしたくない教員の思いを汲《く》んで、部活動指導の現状に疑問を抱く教員が声を上げ始めた。二〇一五年一二月、「部活問題対策プロジェクト」というウェブサイトが立ちあげられ、「教師に部活の顧問をする・しないの選択権を！」という署名活動が行われた。この署名活動は、

「学校の教師に部活動の顧問をする・顧問をしないの選択権を与えるよう、文部科学省が日本全国の教育委員会に指導・指示すること」を求めるもので、二〇一八年八月現在で三万四〇〇〇筆あまりの賛同を集めている(4)。

こうした声に、行政はどう対応しているだろうか。一部の自治体では、学校で行われる部活動を本格的に外部委託し、教員の負担を減らそうとする動きがある。東京都杉並区では、二〇〇一年度から外部指導員を導入し、さらに二〇一三年度から「部活動活性化事業」を開始した。後者は、民間企業・団体の専門コーチが教員に代わって土日の部活動指導を行うもので、二〇一七年度からは平日の指導もできるよう本格実施されている(5)。大阪市でも二〇一五年度から、一部の学校において部活動指導の民間委託を試みている。また、岐阜県多治見市では、平日午後五時以降と土日の活動を「クラブ活動」や「ジュニアクラブ活動」と呼び、学校ではなく保護者や地域住民の管理下で活動を展開している(6)。

さらにここ数年で、国も対応を始めている。文部科学省は、二〇一七年度から「部活動指導員」を制度化した。部活動指導員は、「学校の教育計画に基づき、生徒の自主的、自発的な参加により行われるスポーツ、文化、科学等に関する教育活動(学校の教育課程として行われるものを除く。)である部活動において、校長の監督を受け、技術的な指導に従事する」とされている(7)。これまでの外部指導員は、顧問の教員と連携・協力する立場であり、普段の指導や大会引率は顧問の教員が主導する必要があったのに対し、部活動指導員は自らが顧問として日常的な指導や大会引率を行うことができる(宮古、二〇一七)。

このように、各自治体の取り組みと国の施策によって、教員の部活動指導の負担の軽減が図られている。しかし、部活動を外部委託する取り組みは、依然として一部の自治体にとどまっている。それは、部活動を外部委託できるだけの予算や人材を確保することのできる自治体が少ないためであろう。また、部活動指導員の任用にかかる費用は、国から補助が出るとはいえ、都道府県と市町村が、それぞれ費用の三分の一を負担することとなっている。そのため、多くの自治体では、予算を理由に部活動指導員の制度を利用しないことが懸念されている（長沼、二〇一七）。

今行われている部活動を教員以外の人材に担ってもらおうとすると、こうした財政的な問題に直面してしまう。

では、お金がない以上、現状維持もやむをえないのだろうか。運動部活動研究者の中澤（二〇一七ａ）は、そう考えるのは早計だ、と指摘する。氏は、そのような考え方は二つの大事なことを忘れているという。

ひとつは、そのような多額の予算を必要とする仕事を、すでに教員が担っているという事実である。もうひとつは、外部委託の議論が、今の部活動の規模を維持する前提で進められていることである。部活動を外部委託して教員の負担を減らすのが財政的に難しいのならば、部活動の規模縮小も、選択肢に入れるべきだろう。そこで次に、どれくらい部活動規模を縮小すれば、教員の負担を減らすことができるのかを考えたい。

無理のない活動頻度はどれくらいか

第1章で確認したように、今日の部活動は活動頻度が非常に高い。ここで少し別の集計方法で、現在の活動日数を確認しよう。**表3‐3**に、現在行われている活動の日数を、平日・休日を区別する観点から表にまとめた。縦に平日の活動日数、横に休日の活動日数をとり、それぞれのマスに該当する教員の割合を書き込んだものである。たとえば、顧問希望者のうち、平日五日、休日二日部活動を行っているのは一八・九％と読む。

この表を見てわかるのは、平日四〜五日、休日一〜二日のところに、活動日数が偏っていることである。顧問希望者のうち八六・一％が、また顧問非希望者でも六八・八％が、ここに該当する。週に数日程度やるというような部活動はほとんどない。

では、この高い活動頻度をどれくらいにまで縮小すれば、教員の負担を減らすことができるだろうか。本調査では、部活動顧問をしたい教員と、したくない教員の双方に、理想的な活動頻度を答えてもらった。部活動顧問をしたい教員には、どれほどの時間を費やしたいか、部活動顧問をしたくない教員には、どれほどの時間ならしてもよいかをたずねた。また、平日と休日で理想的な頻度も異なると考え、平日・休日を分けてたずねている。

表3‐4の結果を見ると、部活動顧問をしたいと考える教員で最も多いのは、「平日四日まで、休日一日まで」である。その次に多いのが「平日五日まで、休日一日まで」で、さらに「平日四日まで、休日二日まで」「平日五日まで、休日二日まで」が続く。この希望は、現在行われている部活動の頻度とほぼ同じである。

表 3-3　現在の活動日数

＜部活動顧問を「したい」教員＞

		休日の活動日数		
		0 日	1 日	2 日
平日の活動日数	0 日	3.3	0.1	0.3
	1 日	0.6	0.1	0.1
	2 日	0.7	0.4	0.4
	3 日	0.8	1.3	2.1
	4 日	2.0	18.8	30.1
	5 日	2.0	18.3	18.9

86.1%

＜部活動顧問を「したくない」教員＞

		休日の活動日数		
		0 日	1 日	2 日
平日の活動日数	0 日	12.6	0.2	0.3
	1 日	0.9	0.0	0.1
	2 日	2.0	0.3	0.1
	3 日	3.3	1.2	1.7
	4 日	4.0	15.6	18.1
	5 日	4.5	19.0	16.1

68.8%

※各マスの中の数字は，それぞれのマスに該当する教員の割合．
割合の大きいマスには，網掛けをしている．

表 3-4　理想的な活動日数

＜部活動顧問を「したい」教員＞

		休日指導したい日数		
		0 日	1 日	2 日
平日指導したい日数	0 日	0.0	0.1	0.4
	1 日	0.5	0.5	0.4
	2 日	1.3	1.3	0.8
	3 日	2.2	8.7	1.3
	4 日	2.8	28.5	14.4
	5 日	2.4	23.4	10.6

＜部活動顧問を「したくない」教員＞

		休日指導してもよい日数		
		0 日	1 日	2 日
平日指導してもよい日数	0 日	9.6	1.4	0.2
	1 日	7.7	1.1	0.0
	2 日	13.0	4.0	0.4
	3 日	21.4	13.8	0.6
	4 日	6.4	8.9	0.3
	5 日	6.4	4.6	0.3

※各マスの中の数字は，それぞれのマスに該当する教員の割合．
割合の大きいマスには，網掛けをしている．

それに対し、いま部活動顧問をしたくないと考えている教員では、「平日三日まで、休日〇日」が最も多い。続いて多いのが、「平日三日まで、休日一日まで」と「平日二日まで、休日〇日」である。

とくに注目されるのが、「休日〇日」と答える教員の多さだ。平日の希望日数にかかわらず「休日〇日」と回答した教員を合わせると六四・五％となる。部活動をしたくないと考えている教員の多くは、少なくとも休日は休みたいと思っているのである。

このように、部活動顧問を希望しない教員の中でも、平日三日、休日〇日程度ならば、ある程度許容できる教員が多い。この程度の頻度にまで活動日数を縮小することができれば、部活動による負担はかなり減らすことができるのではないだろうか。また、休日は休みたいと答える教員の多さを考えると、休日に行われる対外試合等のあり方も再考する必要があるだろう。

専門的知識や経験のちがいをふまえた部活動論を

最後に、この章で明らかになったことをいま一度振り返っておきたい。本章の2節では、教員が身につけてきた専門的知識と、部活動指導で求められる知識にギャップがあることがわかった。多くの教員は、部活動指導に生かすことができる教育訓練を受ける機会がほとんどないままに、部活動指導に取り組んでいる。また3節では、教員自身の中高での部活動経験が、部活動指導をうまくこなせるかどうかにかかわっていることを確認した。まったく経験のない部を任されることは決して珍しくなく、それが教員にとって心理的負担の原因となっている。

とくに２節で見たように、たとえ部活動にかかわる時間が短くてもストレスを感じる教員がいることを思い起こしておきたい。この結果は、部活動にかかわる時間の持つ重みが教員によって異なることを示唆している。つまり、ある人にとっては大したことのない一時間でも、別の立場の教員にとっては苦痛の一時間になりうるのである。

部活動をめぐる議論では時折、「教員ならば部活動にかかわるべきだ」といった言い方で、部活動のあるべき姿が語られる。そうした語りは、教員に一律に部活動にかかわることを求め、部活動顧問をしたくない教員の気持ちをないがしろにしてしまう危険性をはらんでいる。今後の部活動論議に必要なのは、異なる考え方を持つ教員の存在を認め、彼らの声に耳を傾けることではないだろうか。

最後に４節では、部活動の外部委託の財政的な限界を踏まえ、部活動の規模を縮小することで教員の負担を軽減できる可能性を提起した。現在部活動顧問をしたくないと考えている教員でも、例えば活動日数を「平日三日、休日〇日」程度まで縮小することができれば、部活動指導による負担を軽減できる可能性がある。

ただし本章では、どうすれば部活動の頻度を減らすことができるのかには言及しなかった。それを検討するには、いま、どんな要因が教員を部活動にかかわらせているのかを明らかにする必要がある。そこで次の章では、職場における教員同士の関係性や、保護者との関係性に注目して、教員が部活動にかかわる背景について検討しよう。

注

(1) 個人レベルの個票を分析した場合にも、部活動立会時間とストレスが負の相関関係にあることを確認できる。「とてもあてはまる」〜「まったくあてはまらない」までの四件法でたずねた「部活動の顧問は楽しい」「部活動の顧問をストレスに感じる」の二項目を加算(「部活動の顧問は楽しい」は数値を逆転させた)し、「部活動ストレス」変数を作成した($\alpha = 0.711$)。この変数は、数値が高いほど部活動へのストレスが強いことを意味する。そのうえで、部活動顧問をしている教員を対象にして部活動立会時間と部活動ストレスの相関係数を算出したところ、-0.192であった($p < 0.001$)。つまり、立会時間の長い教員は、部活動に感じるストレスが少ない傾向がある。

こうした関係が見られると、部活動へ長く立ち会うことがストレスを軽減するという主張も出てくるかもしれない。しかし、むしろ、もともと部活動にストレスを感じにくい教員が、長時間部活動に携わっていると考えるのが妥当だろう。

(2) こうした事情を受けて、教員養成課程で部活動指導に関することを教えるべきだとする議論もある。しかしそうする前に、考えなければならないことは多い。まず、教員養成課程で部活動指導について教えるとなれば、部活動指導を明確に教員の職務と位置づけなければおかしい。しかし、部活動を教員の職務とする明確な決まりはない(第1章を参照。詳しくは、中澤、二〇一七b)。この整合性をどうとるのか、考える必要がある。また、仮に部活動指導のことを教員養成課程で教えるのであれば、代わりにどの教育内容を削るのかも議論する必要がある。学生の時間は有限であるから、教員養成課程全体のバランスも考えなければならない。

本章ではこの問題についてこれ以上は立ち入らない。しかし、教員になるために身につけた知識と、部活動指導に求められる知識にギャップがあり、そのことが教員を苦しめていることは、認識しておく必要がある。

(3) 日本体育協会(二〇一四)が実施した調査においても、これと近い結果が得られている。中学校運動部顧問のうち、中高大でその活動を経験した教員の割合は四七・九%、経験がない割合は五二・一%であったという(三四頁)。やはり、半数を超える教員が経験のない部の顧問を任されているといえる。

(4) 「部活問題対策プロジェクト」(http://www.geocities.jp/bukatumondai/schedule.html、二〇一八年八月二六日閲覧)。

(5) 杉並区の取り組みについては、次の資料を参照。東京都杉並区教育委員会、二〇一七、「外部人材を活用した部

活動活性化事業で楽しい部活動と教員の負担軽減を実現」『総合教育技術』二〇一七年一〇月号、三〇―三三頁。『朝日新聞』二〇一三年一月三一日夕刊一面。『朝日新聞』二〇一七年三月三日朝刊二七面。

（6）　多治見市ウェブサイト「「ジュニア期のスポーツ活動」ガイドライン」(http://www.city.tajimi.lg.jp/kosodate/sports/jyuniaki.html、二〇一八年八月二六日閲覧)。

（7）　二〇一七年三月三一日「学校教育法施行規則の一部を改正する省令の施行について(通知)」(http://www.mext.go.jp/b_menu/hakusho/nc/1384926.htm、二〇一八年八月二六日閲覧)。

参考文献

寺沢拓敬　二〇一七、「小学校英語政策の問題点」藤原康弘・仲潔・寺沢拓敬編『これからの英語教育の話をしよう』ひつじ書房、一一―三九頁。

中澤篤史　二〇一七a、『そろそろ、部活のこれからを話しませんか――未来のための部活講義』大月書店。

中澤篤史　二〇一七b、「部活動顧問教師の労働問題――勤務時間・手当支給・災害補償の検討」『日本労働研究雑誌』第五九巻第一一号、八五―九四頁。

長沼豊　二〇一七、『部活動の不思議を語り合おう』ひつじ書房。

日本体育協会　二〇一四、『学校運動部活動指導者の実態に関する調査報告書』(http://www.japan-sports.or.jp/portals/0/data/katsudousuishin/doc/houkokusho.pdf、二〇一八年八月三日閲覧)。

宮古紀宏　二〇一七、「学校における働き方改革と部活動指導員の展望」『教育制度学研究』第二四号、一八二―一九一頁。

第4章　学校のウチとソトの関係性と教員の働き方

上地香杜

本章では、学校のウチとソトとの関係性から教員の働き方の実態を明らかにする。学校の先生は、多くの人にとって身近な存在であり、われわれは学校の先生のことを「よくわかっている」と思いがちである。しかし、教員の世界は「なじみやすいが、見えにくい」（久冨、一九九〇）とされてきた。このようなブラックボックス化された教員世界については、教員の働き方における過酷な実態や悲痛な声は古くからあるものの、最近になってようやく問題視され、改善策が講じられ始めたところである。

教員の仕事には際限がないことに加えて（久冨、二〇〇三）、教員自らが「多忙を呼び込む」文化を有していることが指摘されている（山田、二〇一八、一三七頁）。そして、その文化を教員は教員集団として維持しながら、通常の業務をこなしている。つまり、学校のウチにある教員同士の関係性が、教員の仕事内容や働き方に大きな影響を与えているのである。

また、教員と関係性を結ぶのは学校のウチ側だけにはとどまらない。学校のソトである、保護者との関係づくりは不可欠である。教員に話を聞くと、「保護者対応」という言葉が日常的に用いられる。適切に「対応」をして保護者と関係性を築いていくことは教員にとって当然であり、重要な仕事の一つである。つまり、学校のソトに位置する保護者との関係性もまた、教員の働き方に影響を与えているのである。

本章では学校のウチにある教員同士の関係性と、学校のソトにある保護者との関係性が、教員の働き方にどのような影響をもたらしているのかを明らかにする。そして、今後の学校のウチとソトとの関係性について考察する。

1　学校のウチとソトによる多忙化の影響

学校のウチの影響

まずは、学校のウチにいる教員同士が多忙化をどのように考えているのかを見ていこう（次頁の**図4-1**）。「多忙化について同僚と話をした」教員、もしくは「多忙化についてニュースを見聞きした」教員はいずれも九割を超えている。加えて、現状の働き方に関して疑問を持っている教員も約七割であった（**図4-2**）。このことから教員たちの間でも、自らの仕事が多忙であることは認識され、働き方を改善しようとする志向性が見られる。

一方、より具体的な働き方に関する意識を見ると（**図4-3**）、第2章でも示したように、仕事に対して多忙感を感じている教員は九割を超えている。しかし、同時に「自分よりも忙しい教員がいる」と感じている教員も九割程度存在している。さらに、「他の教員よりも早く帰るのは申し訳ない」と感じている教員が六割程度いることもわかる。ここから、多忙感をいだきながらも、他の教員の働き方を意識している教員の姿が見てとれる。

この背景には、教員文化における同僚性がかかわっていると考えられる（油布、二〇〇九）。つ

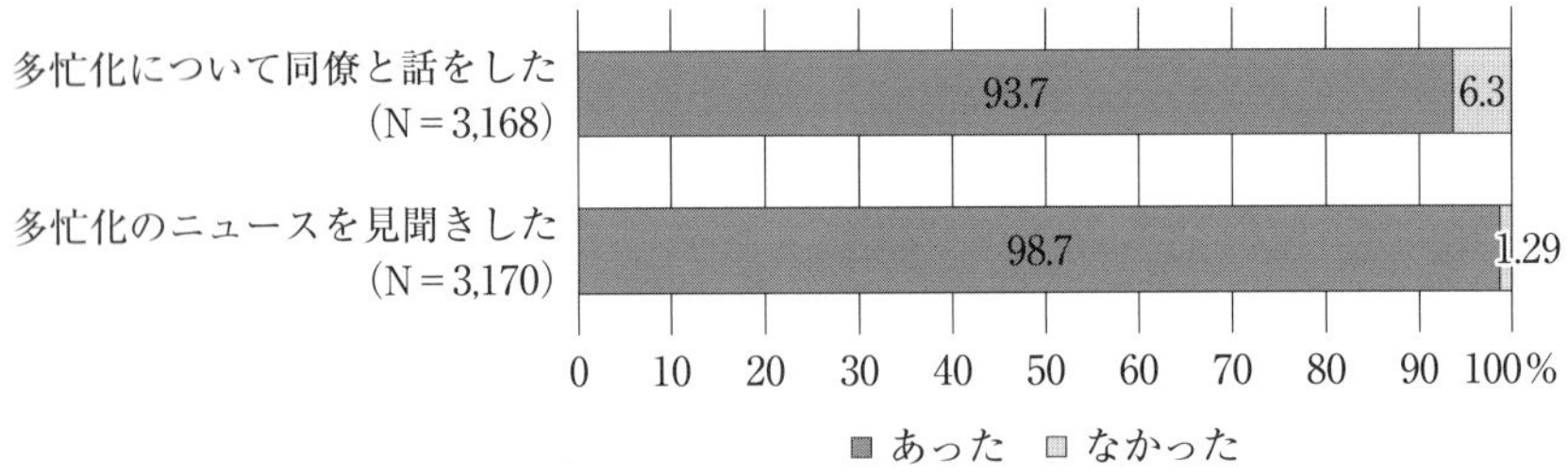

図 4-1　多忙化に関する情報共有

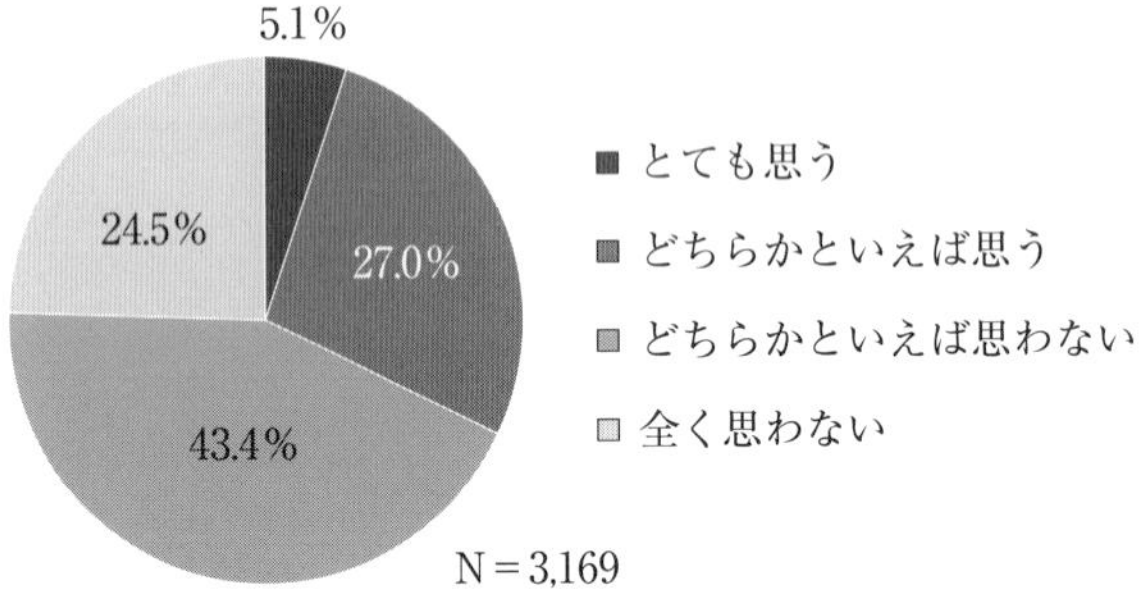

図 4-2　自分の働き方は現状のままでよい

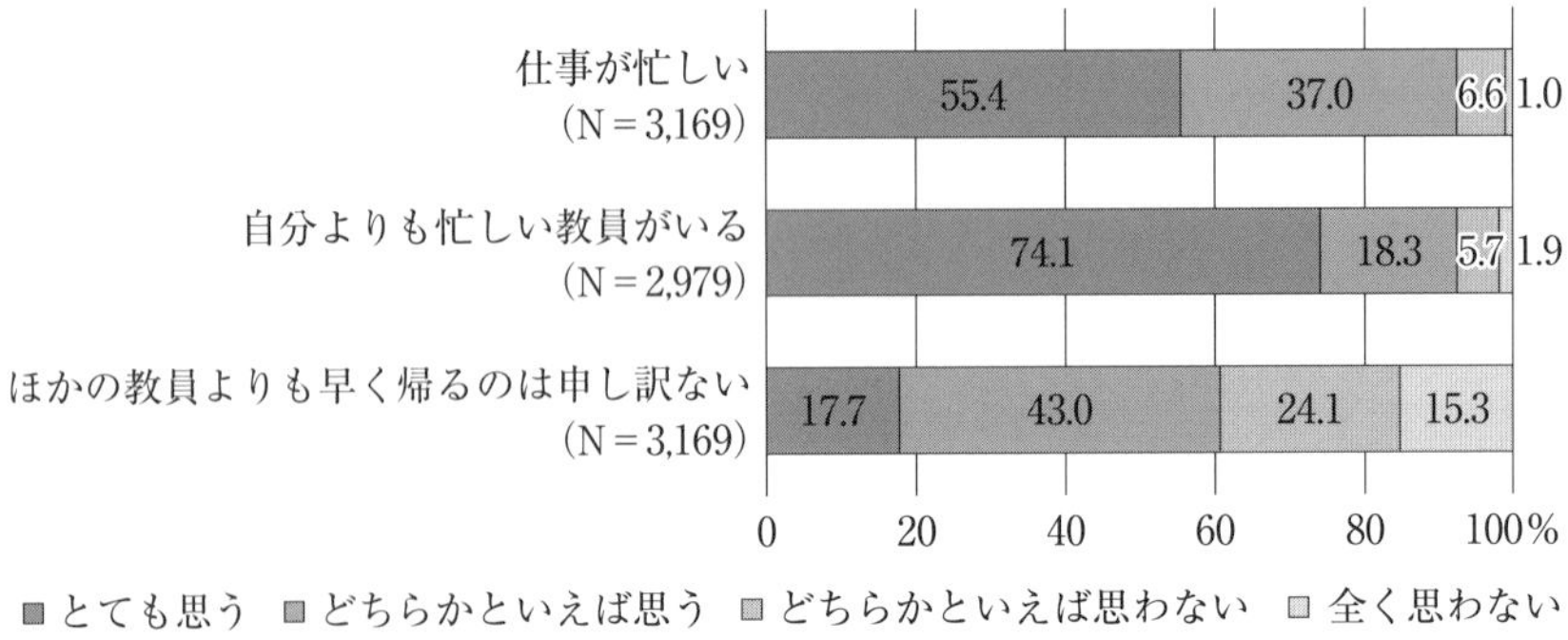

図 4-3　仕事が忙しい／自分よりも忙しい教員がいる／ほかの教員よりも早く帰るのは申し訳ない

まり、同僚という集団を基盤としている教員にとって、「忙しさ」を相対化させる相手が常に存在している。そのため、自らも忙しい状況でありながら、「自分よりも忙しい」人を参照することで、自らの「忙しさ」を過小評価していくのである。山田(二〇一八、一三七頁)は「多忙を呼び込む」教員文化を指摘しているが、教員たちは自分より忙しい教員の存在を認識することで、実際には自らも十分に多忙であるにもかかわらず、「さらに忙しい状態」に自らを呼び込んでいる可能性がある。まさに、学校のウチから自らの忙しさを無限化していく実態を見ることができる。

学校のソトの影響

次に、学校のソトである保護者の影響を見ていこう。具体的には、学校のソトから寄せられる教員へのクレームについてとりあげ、教員と保護者の関係性を見ていく。

「過去一年間に、保護者から何らかのクレームを受けたかどうか」をたずねると、授業についてのクレームは約二割であった一方、部活動に関するクレームは五割弱であった(次頁の**図4-4**)。実に二倍以上の差が生じているのである。本調査では具体的なクレームの内容についてはたずねていないが、新聞報道(『朝日新聞』二〇一八年二月一〇日朝刊)では、「決まりに従って平日の二日と日曜に部活を休みにしたら、保護者から「なぜやらないのか」「生徒のためなのに」と苦情が来た」、または、日曜に部活動を休みにすると「日曜に何をやっているのか」といった苦情の実態が教員の声として紹介されている。保護者からは部活動を週末にも実施すること、つまりは部活動の実施日や時間を増やしてほしいという要望があり、それが教員にとってはクレームとして受け取られていると考えられる。第1章でも示したように、部活動は教育課程外の活動であって教員の本務ではない。しかし、部活動指導に対して本務である授業よりも、多くのクレームを受けているのである。

さらに**図4-5**に示すように、部活動指導についてのクレームは、部活動指導へのストレスとなって表れている。つまり、学校のソトからの影響は、部活動指導に対して影響をもたらしているといえる。

そこで、次節からは教員の働き方を部活動指導に焦点を当てて分析を行う。学校のウチとソト

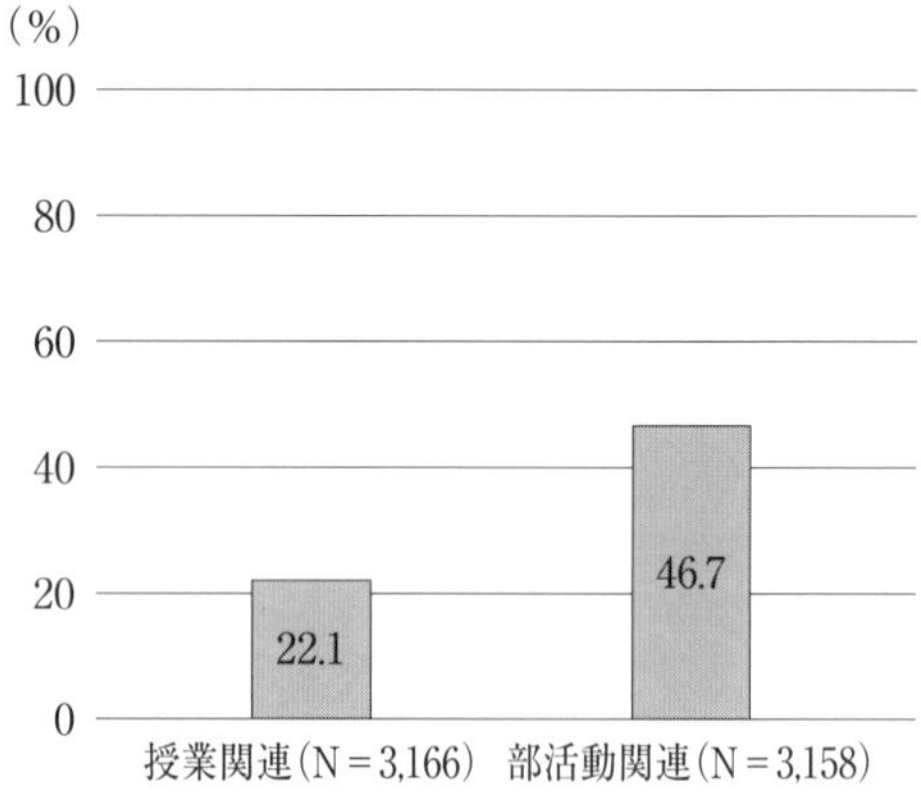

図4-4　保護者からのクレーム

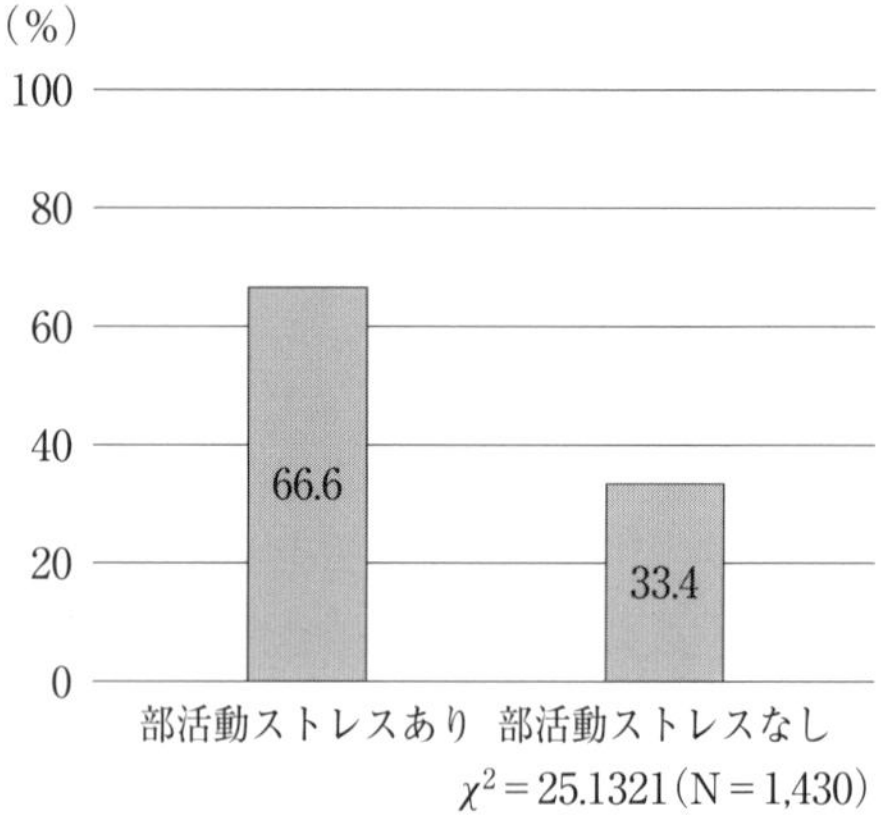

図4-5　部活動指導に対するクレームありのうち，部活動ストレスの有無

表4-1　使用する変数名・質問項目

変数名		質問項目
教員の働き方	部活動立会時間	「あなたが部の活動に立ち会っている時間は1日当たりどのくらいですか．今年度10月における平均的な時間をお答えください．」
	部活動ストレス	「部活動の顧問をストレスに感じる．」
タテ・ヨコ・ソトとの関係性	管理職期待	「勤務校の管理職は，あなたが部活動に熱心に取り組むことを期待している．」
	同僚期待	「同僚の教員は，あなたが部活動に熱心に取り組むことを期待している．」
	保護者期待	「自分は保護者から，部活動において熱心に指導することを期待されている．」

が部活動指導に対してどのように影響を与えているのかを、詳細に見ていく。具体的には、学校のソトについては保護者からの影響を、学校のウチは、一般企業でいう上司と部下の関係(タテ)である管理職からの影響と、同列の関係(ヨコ)である同僚からの影響に二分したうえですすめていく。

2　三つの期待がもたらす教員の働き方
――タテ・ヨコ・ソトからの期待

ここでは、**表4-1**で示すように、教員の働き方については、部活動の立会時間と部活動指導をストレスに感じるかどうか、という指標を用いる[1]。そして、教員とタテ・ヨコ・ソトとの関係性については、三者(管理職・同僚・保護者)から、熱心な部活動指導を期待されているかどうか、という指標を用いる[2]。タテ・ヨコ・ソトからの「熱心な部活動指導」に対する期待が、具体的な部活動の立会時間と部活動指導に対するストレスに影響を与えているかどうかを見ることで、タテ・ヨコ・ソトの関係性と教員の働き方の実態を見ていこう。

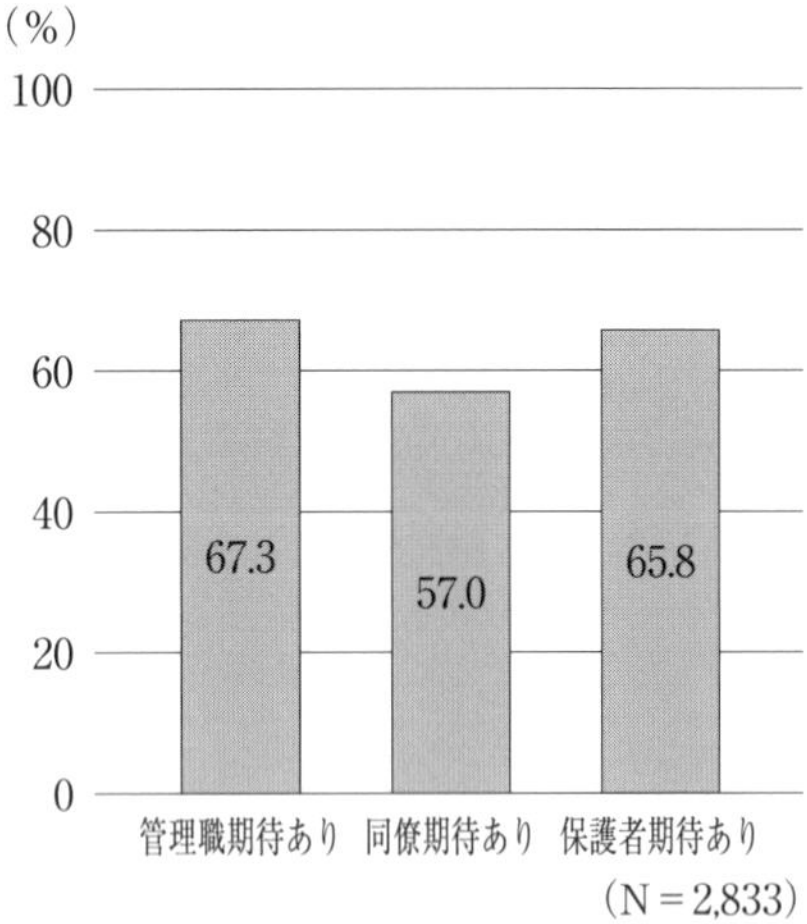

図 4-6　三者からの部活動指導に対する期待

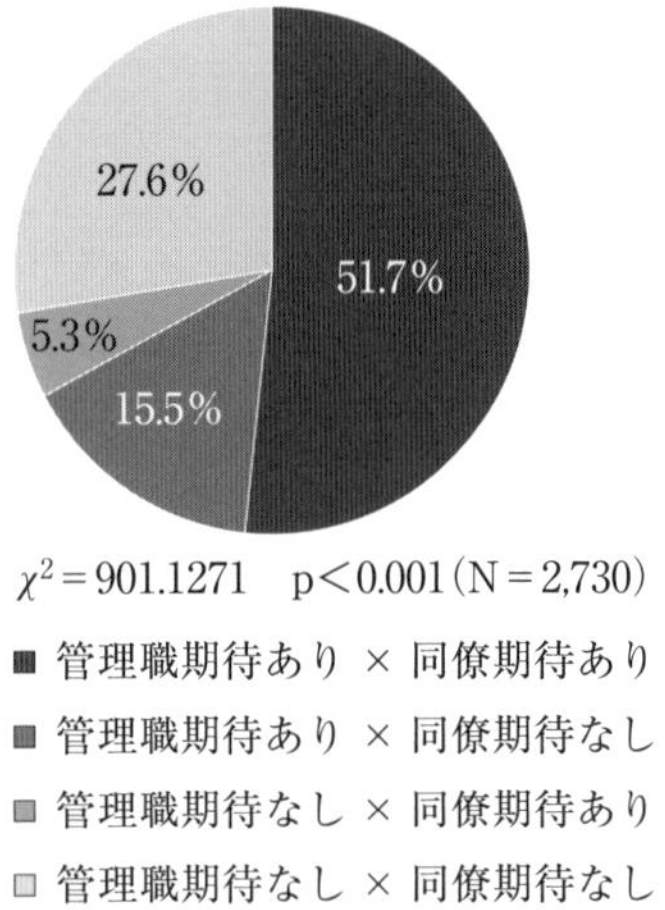

図 4-7　管理職期待と同僚期待のクロス集計

タテ・ヨコ・ソトからの期待

まず、タテ・ヨコ・ソトからの部活動指導に対する期待を感じている教員の割合を見ていこう（**図4-6**）。七割近くの教員がタテの関係である管理職からの期待を感じている。そして、ソトの関係である保護者からの期待は約六・六割、ヨコの関係である同僚からの期待は約六割である。

同じ学校のウチにあるタテとヨコの関係性を見るためにクロス集計をすると、管理職・同僚のどちらからも期待されていると感じる教員も約五割おり、両方の期待を受けている教員の割合が高いことがわかる（**図4-7**）。つまり、タテかヨコのどちらか一方の期待だけでなく、タテとヨコのどちらからも期待を受けながら部活動指導をしている教員の姿が浮かび上がってくる。

次に、タテ・ヨコの両方から部活動指導を期待されている教員を「学校のウチから期待されて

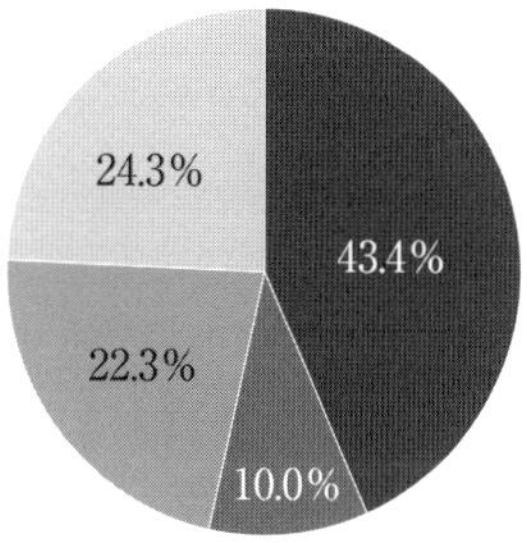

$\chi^2 = 311.3939$　$p < 0.001$（N＝2,534）

■ 学校ウチ期待あり × 保護者期待あり
■ 学校ウチ期待あり × 保護者期待なし
■ 学校ウチ期待なし × 保護者期待あり
□ 学校ウチ期待なし × 保護者期待なし

図4-8　学校ウチ期待と保護者期待のクロス集計

いる教員」として、学校のウチからの期待と、学校のソト（保護者）からの期待の両方を感じている教員の数を示した（**図4-8**）。すると、学校のウチからも、学校のソトからも期待を感じている教員が四割を超えている。つまり、教員は学校のウチにあるタテとヨコ、そして学校のソトからの期待という三つの期待を感じながら部活動指導を行っているのである。

それでは、これらの期待は実際の部活動指導にどのような影響を与えているのだろうか。部活動指導の実態として、部活動指導への立会時間と部活動指導をストレスに感じるかどうか、という指標をとりあげる。まずは、タテ・ヨコ・ソトからの期待が部活動指導への立会時間にどのような影響を与えているのかを見ていこう。

三つの期待と部活動立会時間

最初に、タテの関係である管理職からの期待を見ていく。次頁の**図4-9**に示すように、管理職からの期待を感じている教員の方が部活動立会時間が長く、その差は三時間を超えている。次に、ヨコの関係である同僚からの期待を見ると、タテの関係と同様に、ヨコからの期待を感じている教員の方が部活動立会時間は長く、その差は三時間を超えている（**図4-10**）。最後に、学校のソトである保護者からの期待を感じている教員を見ると、タテ・ヨコの関係と同

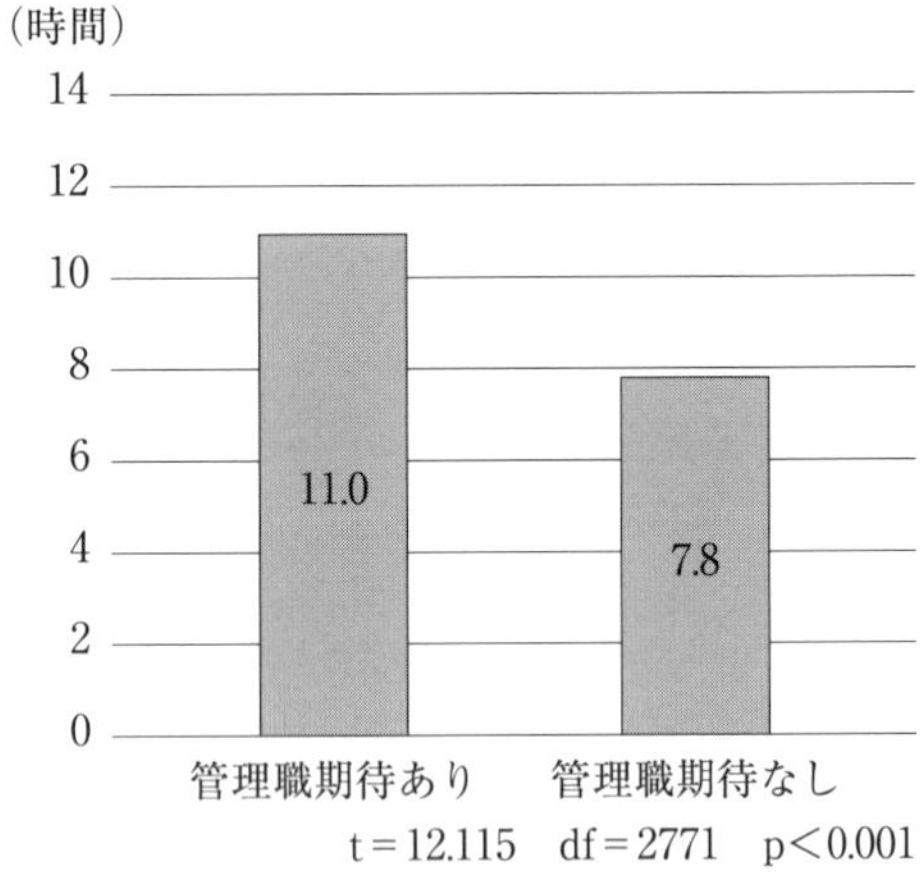

図 4-9 管理職期待の有無と部活動立会時間

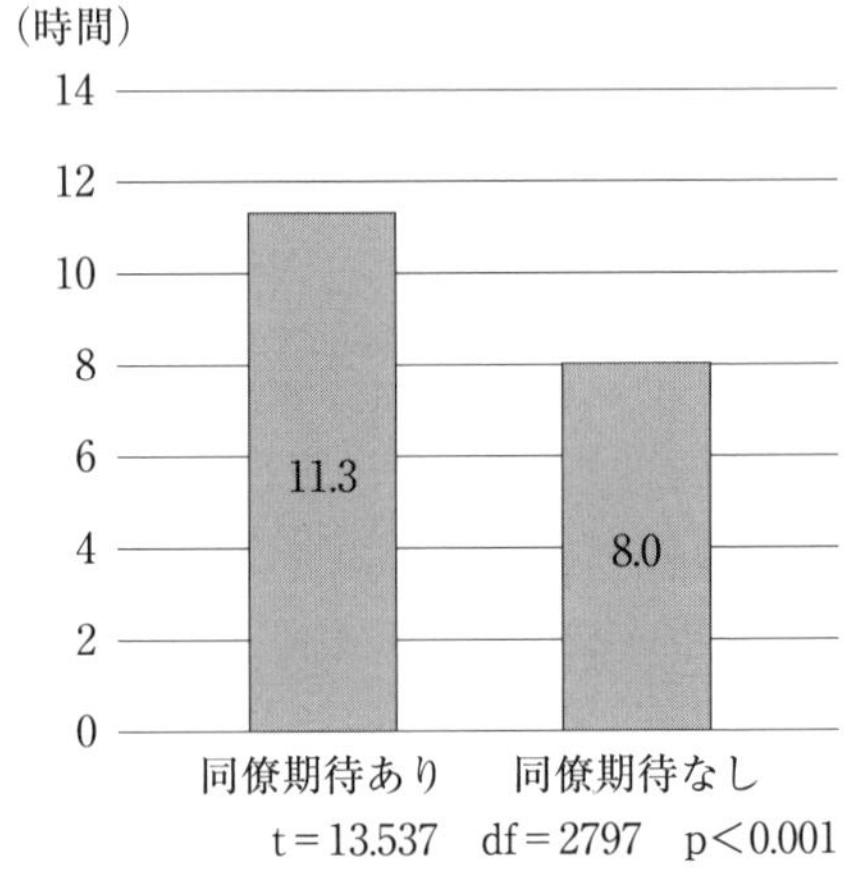

図 4-10　同僚期待の有無と部活動立会時間

様に、部活動立会時間は長い。しかも、その差は約五時間である（図 4-11）。これらの結果は、三者からの期待が部活動立会時間を長時間化させると捉えられる一方で、部活動立会時間が長時間化していることにより三者からの期待を感じやすくさせていると捉えることも可能である。つまり、タテ・ヨコ・ソトからの期待と部活動立会時間との関係性は、相互に影響しあう関係性だといえる。

　三つの期待はともに部活動立会時間を長時間化させていた。しかし、平均値の比較では三者間の時間の長短を単純に比較することはできない。そこで、他者の影響をとりのぞいたうえで、ど

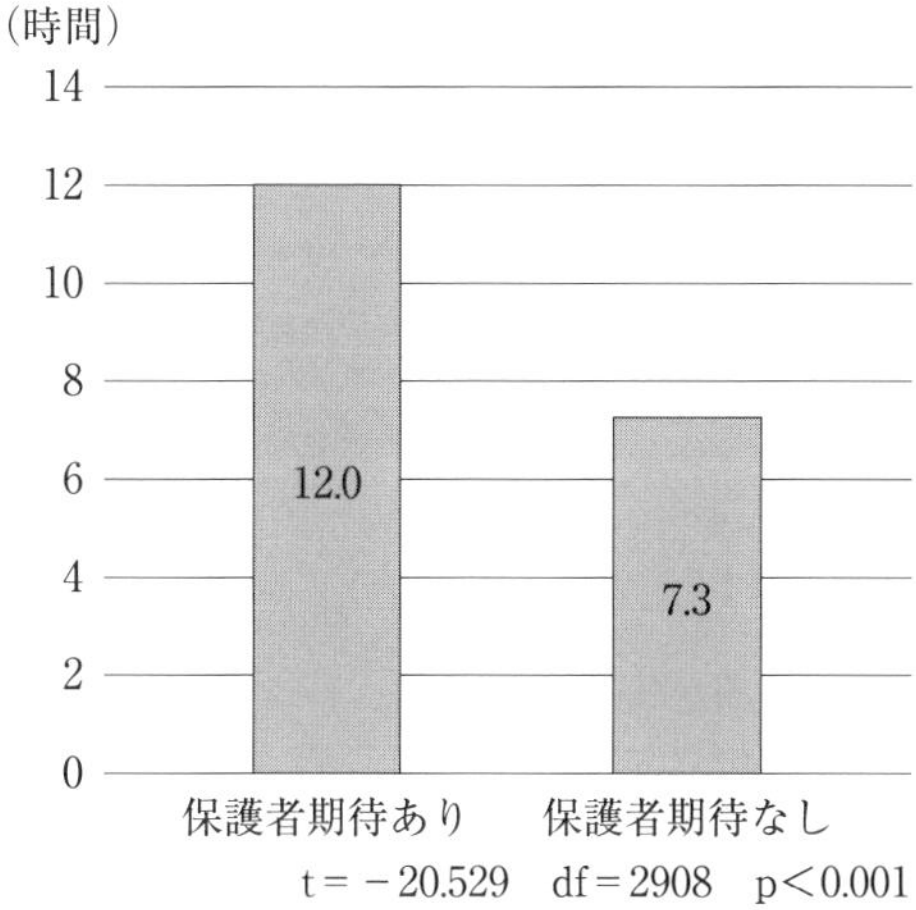

図4-11　保護者期待の有無と部活動立会時間

こからの期待が部活動立会時間をどのくらい長時間化させているのかを検証する[3]。その結果、次頁の**図4-12**に示すように、三つの期待ともに部活動立会時間を長くしており、その数[4]値を見ると、管理職期待と保護者期待では六倍以上の差が生じている。つまり、三つの期待の中でも、とくに保護者期待が部活動指導の長時間化を引き起こす要因として作用しているのだ。

三つの期待と部活動指導ストレス

次に、タテ・ヨコ・ソトからの期待が、部活動指導の意識面に対してどのような影響を与えているのかを見ていく。意識面としては、「部活動指導をストレスに感じている」かという指標を用いる。

まず、タテとヨコからの期待である管理職と同僚からの期待と部活動指導のストレスとの関係性は、数値として差が生じているものの、統計上有意ではない(**図4-13**)。加えて、ソトからの期待である保護者からの期待は統計上有意な結果ではあったものの、一番高い数値は、保護者からの期待を感じない教員が部活動指導にストレスを感じているという結果であった(**図4-14**)。一見すると、三者からの期待は部活動ストレスに影響していないように見える。

しかし、ここでタテ・ヨコ・ソトからの期待が教員の部

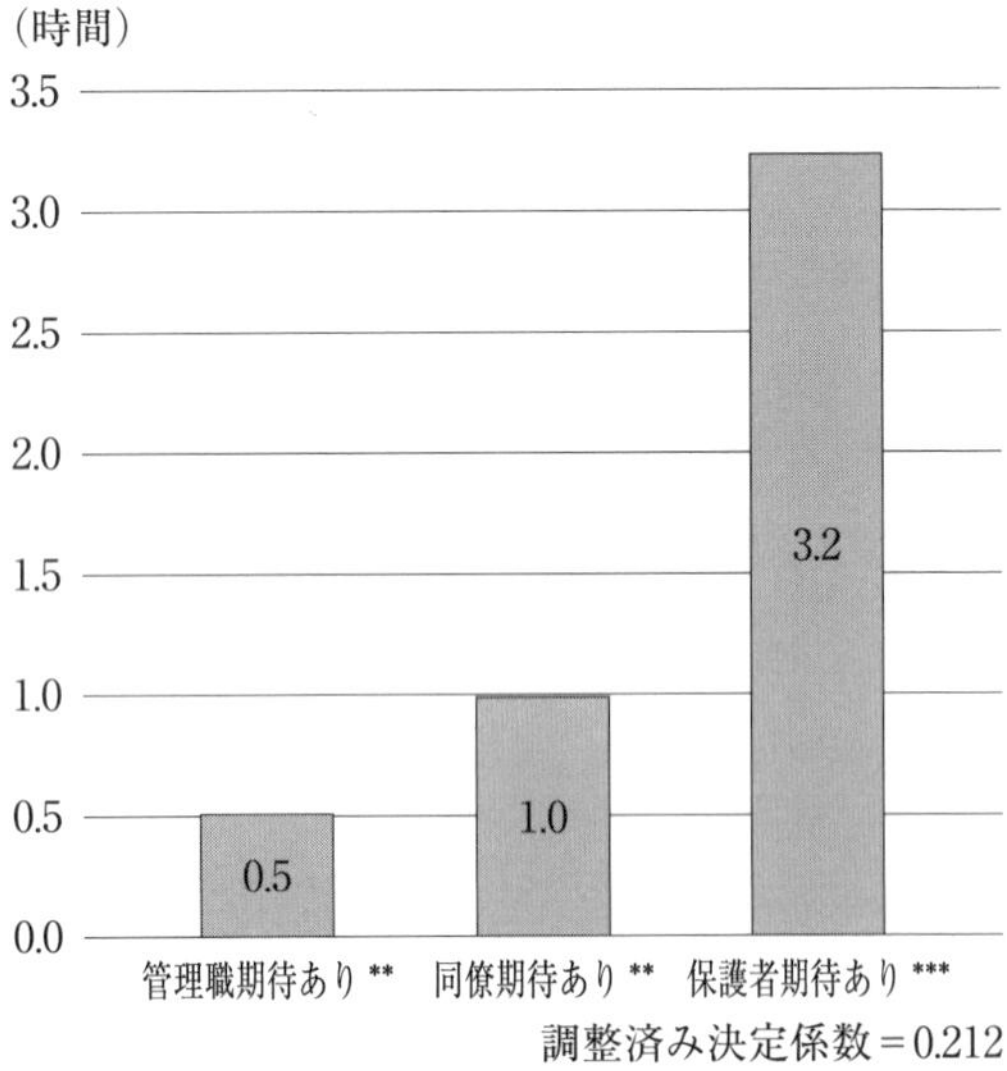

図4-12　管理職期待・同僚期待・保護者期待と部活動立会時間

活動指導ストレスにつながっていないと見るのは早計である。来年度に部活動顧問を志望するかどうかという点に着目すると、違う側面が見えてくる。

来年度の部活動顧問を志望する教員を対象とすると、三つの期待は部活動指導のストレスにはつながっていない（**図4-15**）。一方、来年度の部活動顧問を志望しない教員を対象とすると、数値の違いが如実に表れる。**図4-16**に示すように、来年度の部活動顧問を志望しない教員では、三者の期待を感じることが部活動ストレスにつながっていた。つまり、「期待する—される」という一見ポジティブに見えう関係性の先には、仕事の長時間化があり、またときに心理的ストレスとなって返ってくるというネガティブな側面の存在が指摘できるのである。

3　タテ・ヨコ・ソトの新たな関係性づくり

本章では、学校のウチとソトとの関係性から教員の働き方を見てきた。学校のウチとしては、管理職とのタテの関係、同僚とのヨコの関係、学校のソトとして保護者との関係をとりあげた。それらとの関係をタテ・ヨコ・ソトからの期待と読みかえ、三つの期待（管理職期待・同僚期待・

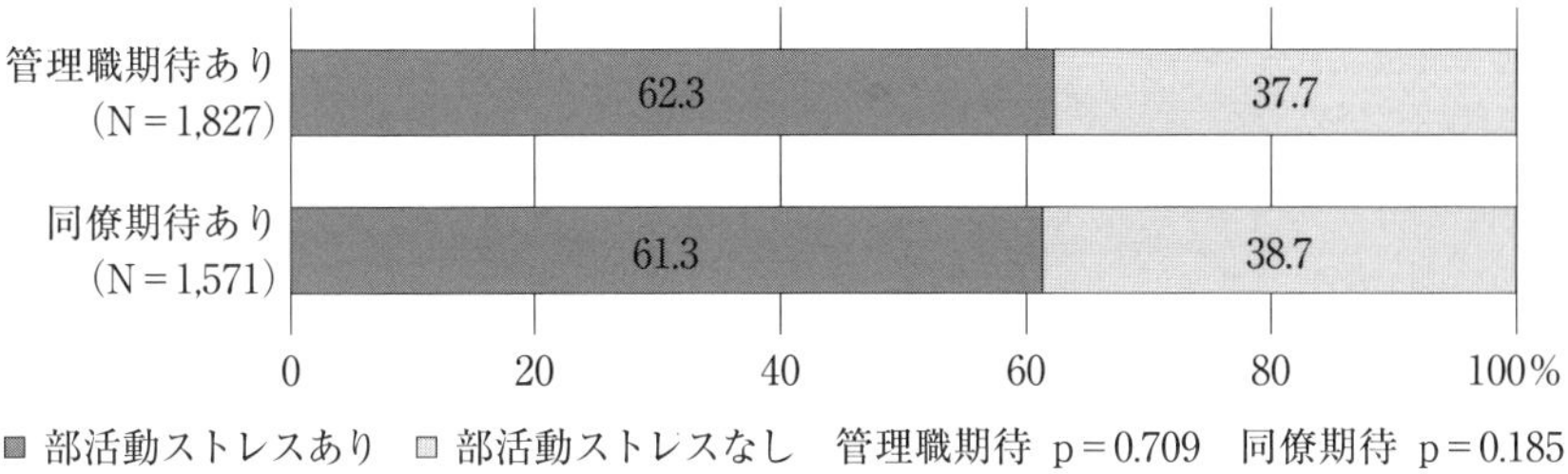

図 4-13　管理職・同僚期待ありと部活動ストレスの有無

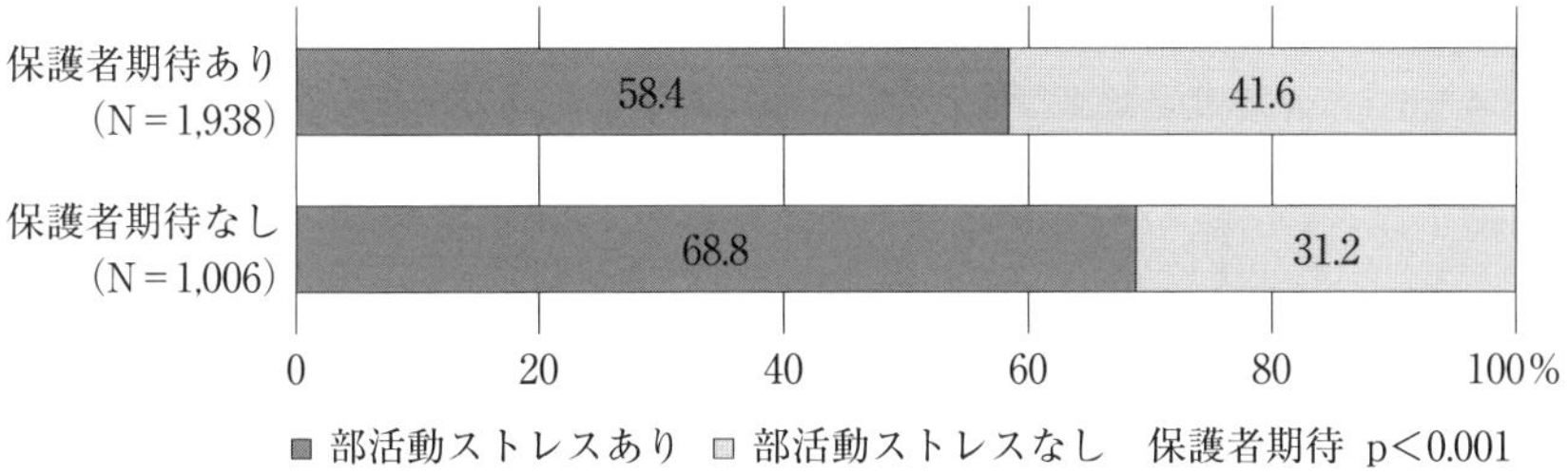

図 4-14　保護者期待の有無と部活動ストレスの有無

保護者期待）が部活動立会時間と部活動指導ストレスに与える影響について分析を行った。

その結果、タテ・ヨコ・ソトという三者からの期待は、部活動立会時間を長時間化させていることが明らかとなった。

加えて、来年度の顧問を志望しない教員にとっては、三者からの期待が部活動指導のストレスにつながっていることがわかった。

この結果をふまえると、三者からの期待は教員の働き方にネガティブな作用をもたらしている実態がみえる。それでは、学校のタテ・ヨコ・ソトとの関係性を、今後はどのように考えていけばよいのだろうか。

ここで**図4-17**を参照したい。三つの期待と部活動ストレスの関係性を同時に分析した結果である[5]。統計上有意であった管理職期待と保護者期待に着目すると、管理職期待があると部活動ストレスが若干ながら上昇する。一方で、保護者期待

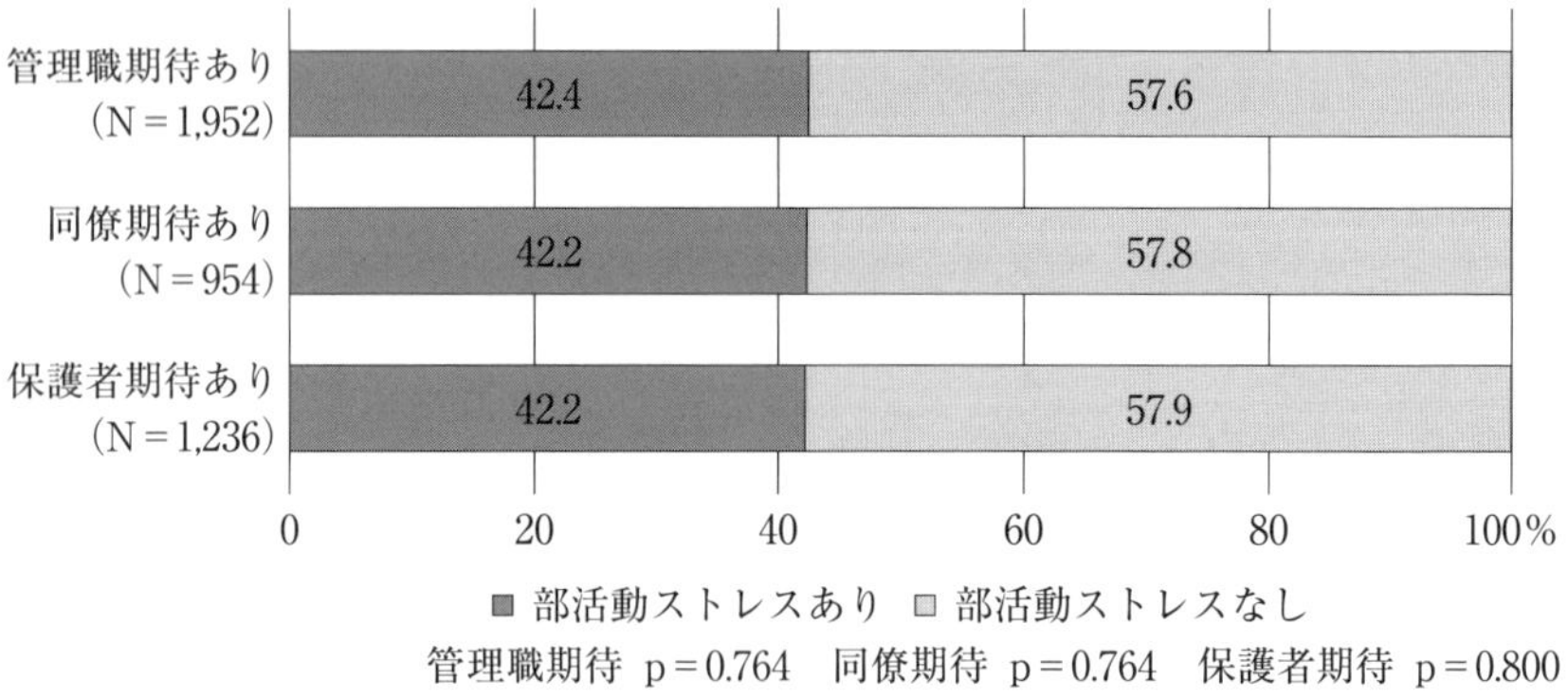

図 4-15　＜来年度顧問志望する教員＞管理職期待・同僚期待・保護者期待ありと部活動ストレスの有無

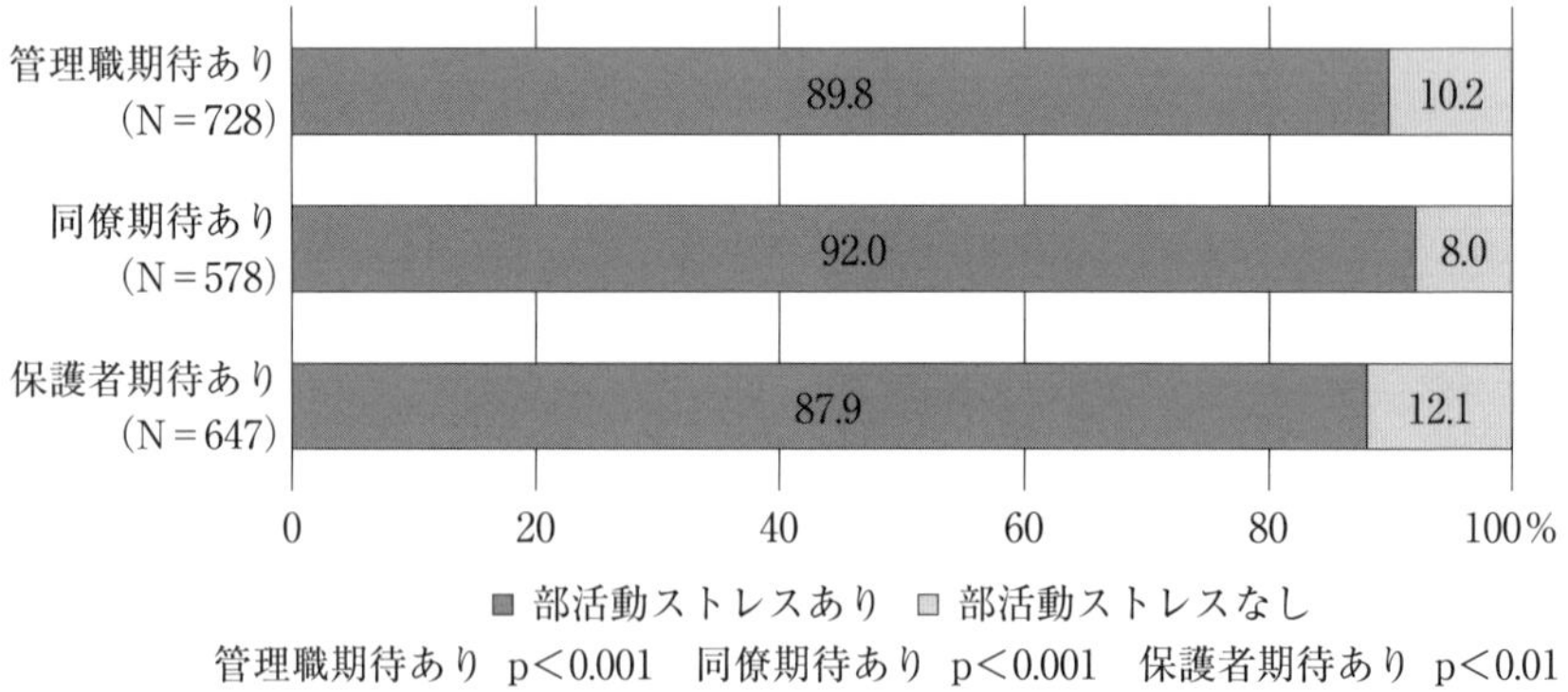

図 4-16　＜来年度顧問志望しない教員＞管理職期待・同僚期待・保護者期待ありと部活動ストレスの有無

は部活動ストレスを減少させる傾向が見てとれる。つまり、タテからの期待は部活動指導のストレスにつながるが、ソトからの期待は部活動指導のストレスを軽減させる可能性があるのだ。

しかし、ここで注意しなければいけないのは、先に示したように、ソトからの期待は部活動立会時間を長時間化させる要因でもあるということである。たとえば、保護者からの期待の中身が部活動の長時間化であり、それに応えることで教員は一定の承認が得られるため、ストレスを軽減させている可能性もある。つまり、ソトからの期待は教員の負担感を単純に緩和するわけではなく、部活動時間を長時間化させる危険性もはらんでいるのだ。

タテ・ヨコからの期待は部活動指導の長時間化と教員のストレス要因となる一方で、ソトからの期待は部活動指導を長時間化させる要因となりながらも、教員のストレスを軽減させる要因でもある。この保護者からの期待が持つ両義的な側面をふまえ、学校のウチとソトの関係性をどのように考えていけばよいだろうか。

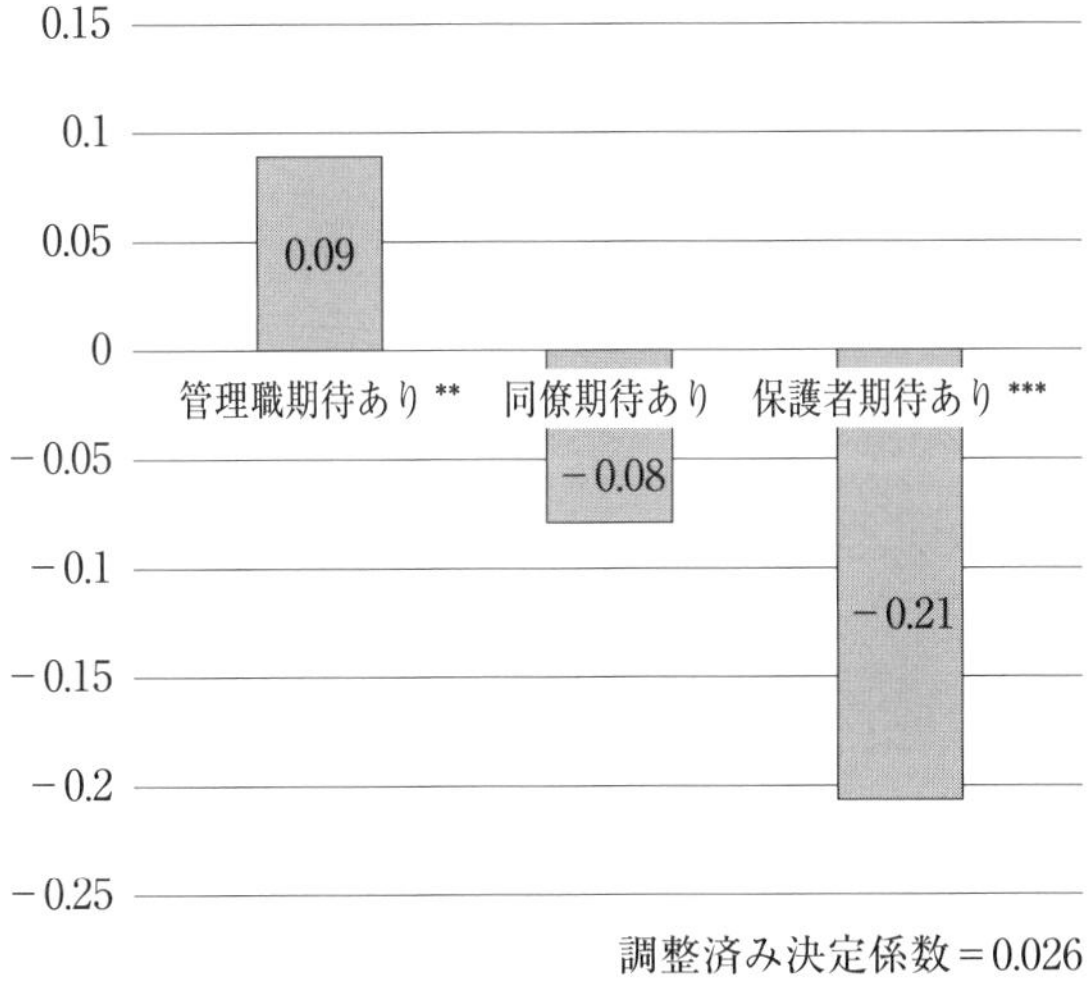

図4-17　管理職期待・同僚期待・保護者期待と部活動ストレス

まず指摘しておきたいことは、学校のウチにあるタテ・ヨコからの部活動指導に対する過度な期待を見直すことによって、部活動が長時間化し、教員の負担が増えている現状を改善することである。具体的な策としては、第3章で示したような活動日数の縮小などが考えられる。

そして、現状を改善させるために、保護者という学校のソトにいる存在も忘れてはならない。本章では、保護者が教員の働き方に対してネガティブにも、ポジティブにも影響を与えていることを示してきた。なんとも不思議な存在である保護者であるが、この保護者を教員の働き方における部活動改革にいかに組み入れていくかが重要である。

第3章で示しているように、部活動指導員制度の導入や、「クラブ活動」として地域が部活動を支える取り組みも増え始めている。既存の部活動の形にとらわれずに、よりよい新たな「部活動」の形を選択できるようになってきているのだ。学校のウチ・ソトという枠にとらわれず、ときには学校のソトが主体的なはたらきを担うことも射程に入れたうえでの議論が必要となる。

学校のウチとソトの両方から改善策を模索することが、教員の働き方を持続可能なものにするために必要不可欠である。学校のウチだけの議論ではなく、学校のソトへと議論を展開していきながら、学校と保護者の新たな関係をつくりあげていくことで、教員の働き方の新たな形が生まれるだろう。

注

（1）部活動ストレスについては、「とてもあてはまる」「どちらかといえばあてはまる」を「部活動ストレスあり」、「どちらかといえばあてはまらない」「全くあてはまらない」を「部活動ストレスなし」とした。部活動立会時間については第1章を参照のこと。

（2）管理職期待・同僚期待・保護者期待については「とてもあてはまる」「どちらかといえばあてはまる」を「管理職／同僚／保護者期待あり」、「どちらかといえばあてはまらない」「全くあてはまらない」を「管理職／同僚／保護者期待なし」とした。

（3）独立変数を性別・年齢・管理職期待の有無・同僚期待の有無・保護者期待の有無、従属変数を週当たりの立会時間として重回帰分析を行った。なお、$p<0.01$ を**、$p<0.001$ を***で示す。

（4）図4-12に示す数値は回帰係数である。

（5）　独立変数を性別・年齢・管理職期待の有無・同僚期待の有無・保護者期待の有無、従属変数を部活動指導ストレス（四件法）として重回帰分析を行った。なお、$p<0.01$ を**、$p<0.001$ を***、無印のところは有意なしである。

参考文献

久冨善之　一九九〇、「教員文化の社会学・序説」久冨善之編『教員文化の社会学的研究〈普及版〉』多賀出版、三―七八頁。
久冨善之　二〇〇三、「「教員文化の日本的特性」の今日的課題論」久冨善之編著『教員文化の日本的特性――歴史、実践、実態の探究を通じてその変化と今日的課題をさぐる』多賀出版、三―一三頁。
山田哲也　二〇一八、「教師という仕事」稲垣恭子・内田良編『教育社会学のフロンティア2　変容する社会と教育のゆくえ』岩波書店、一二三―一四三頁。
油布佐和子編　二〇〇九、『リーディングス　日本の教育と社会15　教師という仕事』日本図書センター。

おわりに――魅力ある仕事だからこそ

内田　良

教育は無限、教員は有限

二〇一六年度の文部科学省による「教員勤務実態調査」では、時間外労働が月八〇時間のいわゆる「過労死ライン」を超える教員が、小学校で三三・四％、中学校では五七・七％に達していることがわかった。「中学校教員　六割が過労死ライン」といった見出しが、メディアを賑わせた。そして本書第1章の分析結果からも、私たちの予想を裏切ることなく、学校現場の過酷な労働実態が明らかとなった。

これらの客観的実態を踏まえるならば、学校は地獄のような職場といえる。ところが第2章以降の分析が示したように、単純に「長時間労働に苦しむ教員」というとらえ方のみでは、職員室のリアルは描けない。

たとえば第2章からは、忙しいと感じつつも同時に、九割近くの教員が仕事にやりがいをもって働いているという現実が見えてきた。第3章からは、保健体育科の教員は部活動立会時間が長い一方でそのストレスが小さく、逆に教科によっては立会時間が短くても強いストレスをもたらしうるといった傾向が明らかになった。

教師冥利に尽きる日々を送りながら、若くして命までもが尽きてしまったケースを、私はたくさん知っている。過労死というのは、本人がどれほどその仕事が好きだったのかに関係なく、等しく人の命を奪っていく。いや、むしろその仕事が大好きであるほど、過労死と隣り合わせになると言ったほうが正しいかもしれない。

子どものためにやるべきことは、山ほどある。ときに、教師冥利だとみずからそこにハマっていく先生もいる。教育は無限である。だが学校にいる先生の人数と力は、有限だ。一人ひとりの教員には、活動できる時間と体力に限界がある。

改革を断行する

私を含め本書の執筆陣が、教員の意識に着目したのは、働き方改革の成否を教員の意識改革に還元したいからではない。むしろ、意識から離れるためにこそ、意識に着目した。教職は、とても魅力ある仕事である。だから、教員の意識にだけ期待していては、歯止めがかからないのだ。

教員の働き方改革の鍵は、二つある。

一つ目の鍵は、保護者にある。第4章で示したように、職員室の外にいる保護者からの期待が、教員の部活動指導を長時間化させることが浮き彫りになった。これは逆に言えば、職員室の外から長時間化に歯止めをかけることができるということでもある。教員文化からは一定の距離があるアウトサイダー（部外者）だからこそ見えてくること、提言できることが、きっとあるはずだ。

ただし、部活動の大会で子どもの応援に熱中したり、あるいは部活動以外の場面でも、教員の労働時間に構わず夜に学校に電話をかけたりしている保護者の姿を知るにつけ、今日の学校化した社会では、教員の長時間労働抑制を保護者のみに期待するのでは不十分である。

もう一つ残された鍵は、教育行政にある。教育サービスを直接的に提供する教員とそれを享受する保護者のいずれもが長時間労働の促進要因になってしまうのだとすれば、トップダウンによる改革が必要となる。すなわち、教育行政が労働安全衛生の観点から、労働時間の上限規制や業務の削減・外部委託を実行するのである。

部活動の活動総量（練習時間数・日数や大会参加数）を規制する、学校閉庁日を設ける、電話対応の時間帯を限定する、登下校指導を地域住民に任せる、運動会や体育祭を半日に縮小する、全国学力テストを廃止するといった方法で、これまで学校が担ってきたさまざまな業務をゼロベースで見直し、教員の労働安全衛生の確保を上から断行していくのだ。

今日まで教育行政は、教員のただ働きに甘えてきたわけであるから、これもまた容易なことではない。だがこのまま、教員が倒れつづけていては、職員室の持続可能性は低下するばかりである。

意識を変えるために、意識から離れる。職員室を変えるために、職員室から離れる。魅力あるそして夢中になれる仕事だからこそ、一歩引き下がった視点からの改革が意味をもつ。

【謝辞】
このたび質問紙調査の実施においては、全国の多くの先生方にご協力をいただきました。ご多忙の中、貴重な時間を割いていただき、心からお礼を申し上げます。一つひとつの質問紙の重さを噛みしめながら、必ずこれを改革の進展につなげていきたいと思います。

（執筆者一同）

●分析の対象

本書では，部活動指導を含む働き方に焦点を絞るため，分析の対象は，「教諭」(2787名)と「主幹教諭」(110名)，「常勤講師」(285名)の計3182名に限定した(本書では「教員」と総称する)．三者のほとんどが部活動指導を割り当てられている(教諭：94.8%，主幹教諭：94.5%，常勤講師：90.9%)．分析の際には，原則として無回答や欠損値を省くこととした．

実際に回答した教員の属性(性別，年齢)の分布は，文部科学省による全国調査のそれと類似しており，回答者の偏りをある程度回避できたといえる(下図を参照)．

なお本調査は，名古屋大学大学院教育発達科学研究科研究倫理委員会の承認を受けて実施されたものであり，また本書は，日本教職員組合寄付金(課題名：部活動のあり方に関する意識調査，研究代表者：内田良)よる研究成果の一部である．

※調査対象者における属性の分布を全国調査と比較

・性別(『平成29年度 学校基本調査』と比較)

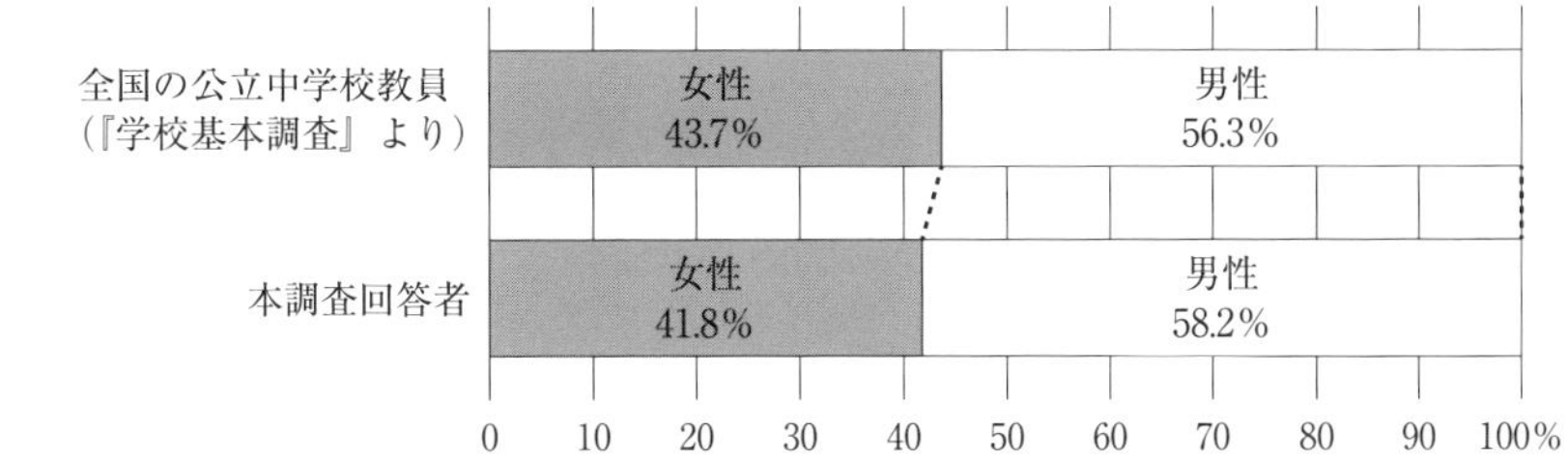

・年齢(『平成28年度 学校教員統計調査』と比較)

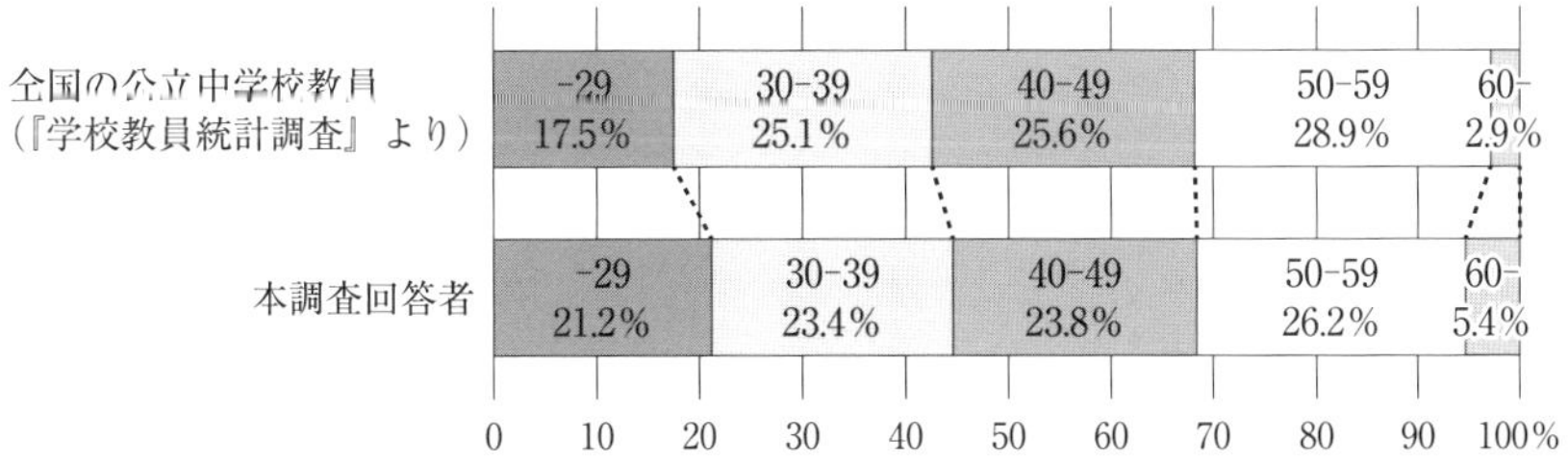

調査の概要

●調査期間

2017年11月～12月．一部，地域・学校については，回収を1月まで延期．

●調査対象と回収率

調査対象は，全国22都道府県の計284校の中学校に勤務する全教職員計8112名．うち221校(77.8%)から回答があり，回収した個票の総数は3,982票(49.1%)である．調査対象となった都道府県は，北海道，岩手県，秋田県，山形県，茨城県，千葉県，東京都，神奈川県，新潟県，石川県，山梨県，静岡県，大阪府，兵庫県，奈良県，岡山県，広島県，徳島県，福岡県，佐賀県，大分県，沖縄県．

●サンプリングの方法と調査依頼の手続き

調査の実施に際しては，回収率を高めるために，基本的に次のようなサンプリングの方法ならびに調査依頼の手続きをとった．

1) 市区町村教育委員会には文書と電話にて調査への協力(中学校長への依頼)を要請した．
2) 各校の回収数を増やすために，日本教職員組合(全国の加入率は22.9%)の協力を得た．
3) 2)を踏まえ，調査対象とする都道府県は同組合の加入率が比較的高い地域を優先した．
4) 質問紙は名古屋大学から各中学校に直接送付し，約4週間後に名古屋大学に学校単位で直接返送してもらった．

また，調査対象校・対象者の偏りを小さくするため，次の手段をとった．

1) できるだけ多くの都道府県を選定した．
2) 都道府県間の学校数・教員数の違いに配慮した．学校基本調査の結果から都道府県別の教員数を求めて，その数に応じて調査目標の300校を比例的に割り振った．
3) 調査対象校の学校規模が偏らないように配慮した．『2017年度版 全国学校総覧』に掲載された各学校の生徒数から，各都道府県の学校規模の分布を調べ，その分布に応じて各都道府県の学校規模ごとの抽出校数を決定した．
4) 各校の教職員全員に質問紙を配布し，回答者が特定の立場の教職員に偏らないようにした．

内田 良 「はじめに」「おわりに」

1976年生．名古屋大学大学院教育発達科学研究科准教授．博士(教育学)．専門は教育社会学．研究関心は学校安全や部活動・働き方改革．著書に『教育という病』(光文社新書)，『ブラック部活動』(東洋館出版社)など．

太田知彩 第1章

1993年生．名古屋大学大学院教育発達科学研究科博士後期課程，日本学術振興会特別研究員．専門は教育社会学．研究関心は海外留学．論文に「「特別なニーズ」の変容と地域差」(共著，『名古屋大学大学院教育発達科学研究科紀要(教育科学)』第64巻1号)，「社会的事実としての留学研究の可能性」(『教育論叢』第61巻)．

野村 駿 第2章

1992年生．秋田大学大学院理工学研究科附属クロスオーバー教育創成センター助教．専門は教育社会学，労働社会学．研究関心は夢追う若者のライフコース形成．著書に「人＝メディアとしてのバンドマン」岡本健・松井広志編『ポスト情報メディア論』(ナカニシヤ出版)，論文に「なぜ若者は夢を追い続けるのか」(『教育社会学研究』第103集)など．

加藤一晃 第3章

1991年生．名古屋大学大学院教育発達科学研究科博士後期課程．専門は教育社会学，特別活動論．研究関心は戦後文化部活動の歴史．論文に「1980年代以降高校生の学習時間変容と「学校化」」(『子ども社会研究』第26号)，「1980年代以降の高等学校における教育課程編成の変容」(『名古屋大学大学院教育発達科学研究科紀要(教育科学)』第67巻1号)など．

上地香杜 第4章

1990年生．静岡大学教職センター特任助教．専門は教育社会学．研究関心は地方からの大学進学．論文に「大学進学行動の要因に関する先行研究レビュー」(『教育論叢』第57巻)，「地方高校を捉える認識枠組みの再考」(『名古屋大学大学院教育発達科学研究科紀要(教育科学)』第63巻)など．

調査報告 学校の部活動と働き方改革
──教師の意識と実態から考える

岩波ブックレット 989

2018年11月6日 第1刷発行
2021年4月26日 第2刷発行

著 者 内田《うちだ》 良《りょう》 上地《かみじ》香杜《こと》 加藤一晃《かとうかずあき》 野村《のむら》 駿《はやお》 太田知彩《おおたかずさ》

発行者 岡本 厚

発行所 株式会社 岩波書店
〒101-8002 東京都千代田区一ツ橋2-5-5
電話案内 03-5210-4000 営業部 03-5210-4111
https://www.iwanami.co.jp/booklet/

印刷・製本 法令印刷 装丁 副田高行 表紙イラスト 藤原ヒロコ

ISBN 978-4-00-270989-5 Printed in Japan

読者の皆さまへ

岩波ブックレットは，タイトル文字や本の背の色で，ジャンルをわけています．

赤系＝子ども，教育など
青系＝医療，福祉，法律など
緑系＝戦争と平和，環境など
紫系＝生き方，エッセイなど
茶系＝政治，経済，歴史など

これからも岩波ブックレットは，時代のトピックを迅速に取り上げ，くわしく，わかりやすく，発信していきます．

◆岩波ブックレットのホームページ◆

岩波書店のホームページでは，岩波書店の在庫書目すべてが「書名」「著者名」などから検索できます．また，岩波ブックレットのホームページには，岩波ブックレットの既刊書目全点一覧のほか，編集部からの「お知らせ」や，旬の書目を紹介する「今の一冊」，「今月の新刊」「来月の新刊予定」など，盛りだくさんの情報を掲載しております．ぜひご覧ください．

▶岩波書店ホームページ　https://www.iwanami.co.jp/◀
▶岩波ブックレットホームページ　https://www.iwanami.co.jp/booklet◀

◆岩波ブックレットのご注文について◆

岩波書店の刊行物は注文制です．お求めの岩波ブックレットが小売書店の店頭にない場合は，書店窓口にてご注文ください．なお岩波書店に直接ご注文くださる場合は，岩波書店ホームページの「オンラインショップ」(小売書店でのお受け取りとご自宅宛発送がお選びいただけます)，または岩波書店〈ブックオーダー係〉をご利用ください．「オンラインショップ」，〈ブックオーダー係〉のいずれも，弊社から発送する場合の送料は，1回のご注文につき一律650円をいただきます．さらに「代金引換」を希望される場合は，手数料200円が加わります．

▶岩波書店〈ブックオーダー〉 ☎049(287)5721　FAX 049(287)5742◀